·大学的邀请·

精装版

社会学的邀请
The Big Picture: A Sociology Primer

[美] 乔恩·威特（Jon Witt）著
林聚任等 译

北京大学出版社
PEKING UNIVERSITY PRESS

著作权合同登记号　图字：01-2007-4422
图书在版编目（CIP）数据

社会学的邀请. 精装版/(美)威特(Witt,J.)著；林聚任等译. —2版. —北京：北京大学出版社，2014.2
（大学的邀请）
ISBN 978-7-301-23403-7

Ⅰ.①社… Ⅱ.①威…②林… Ⅲ.①社会学－通俗读物 Ⅳ.①C91-49

中国版本图书馆CIP数据核字（2013）第255436号

Jon Witt
The Big Picture：A Sociology Primer
ISBN：978-0-07-299053-9
Copyright©2007 by The McGraw-Hill Companies，Inc.
Original language published by The McGraw-Hill Companies，Inc.
All rights reserved. No part of this publication may be reproduced or distributed by any means，or stored in a database or retrieval system，without the prior written permission of the publisher.
Simplified Chinese translation edition jointly published by McGraw-Hill Education(Asia)Co. and Peking University Press.

本书中文简体字翻译版由北京大学出版社和美国麦格劳一希尔教育(亚洲)出版公司合作出版。未经出版者预先书面许可，不得以任何方式复制或抄袭本书的任何部分。本书封面贴有McGraw-Hill公司防伪标签，无标签者不得销售。

书　　　　名：	社会学的邀请
著作责任者：	［美］乔恩·威特 著　林聚任等 译
责 任 编 辑：	于铁红
标 准 书 号：	ISBN 978-7-301-23403-7/C·0954
出 版 发 行：	北京大学出版社
地　　　　址：	北京市海淀区成府路 205 号　100871
网　　　　址：	http://www.pup.cn　新浪官方微博：@北京大学出版社　@阅读培文
电 子 信 箱：	zpup@pup.cn
电　　　　话：	邮购部 62752015　发行部 62750672　编辑部 62756934　出版部 62754962
印　　刷　者：	天津联城印刷有限公司
经　　销　者：	新华书店
	660 毫米 ×960 毫米　16 开本　19 印张　220 千字
	2008 年 9 月第 1 版
	2014 年 2 月第 2 版　2024 年 8 月第 14 次印刷
定　　　　价：	68.00 元（精装版）

未经许可，不得以任何方式复制或抄袭本书之部分或全部内容。
版权所有，侵权必究
举报电话：010-62752024　电子信箱：fd@pup.pku.edu.cn

可能有些社会学的领域确实超出一般人的想法，只有那些学有专长的专家才了解；但这不是我们不应该充分了解能保证一个更有益、更舒适生活的社会之性质和行为习惯的理由。

——夏洛特·吉尔曼

目录

序 1

第一部分　社会学视角 5
第一章　地位的重要意义 7
第二章　社会学的想象力 27
第三章　寻求答案 49

第二部分　社会学的大观念 75
第四章　汉堡是一个奇迹 77
第五章　劳动力＋树＝书桌 97
第六章　我思故我做 116
第七章　自我与社会 135
第八章　"是"的含义 157

第三部分　我们生活的世界 ………… 177

第九章　联结纽带 ………… 179

第十章　教育 ………… 200

第十一章　保持信仰 ………… 224

第四部分　差异性的后果 ………… 249

第十二章　等级之差 ………… 251

结语　社会学是个动词 ………… 284

序

我们为什么会照我们想的那样去想呢？我们为什么会照我们做的那样去做呢？坦白说，我一直都在为这些问题所困扰。我猜想，我们大家都曾在自己心底问过无数次这些问题，既有关于自己的，也有关于别人的。就像我们将在整本书中所看到的，社会学旨在解答这两个问题。尽管其他学科也试图做出回答，但在我看来，社会学提供的分析视角，既有更大的包容性，又有更大的密切性，它比我们在许多其他领域可能找到的观点要更为基本、也更为明确。或许我呈现这一视角的最好方式可以说是，社会学可使我们洞悉"全景"(big picture)。

看到这儿你可能会问了：你所说的"全景"是什么意思？社会学又是如何帮助我们洞悉并理解它的呢？对我而言，我从大一第一次学社会学导论课就开始寻找这些问题的答案。社会学为我提供了分析工具，一方面可以后退一步更好地理解事物如何结合在一起，另一方面又可走近一步仔细观察事物以分析构成整体的一些细节。后来我又了解了社会学宏观分析与微观分析方法之争，结果发现这些相互冲突的观点总是不能给我更多帮助。在宏观分析方面，社会学从根本上寻求站在社会之外，以一种超脱的立场去做观察，对决定我们生活的大过程加以描述。在微观分析方面，社会学家关注深入分析我们的日常生活经验——我们在日常生活中通过日常互动而建构了我们的社会。我现在认为，我们既需要了解我们是谁的视角，也需要懂得我们如何跟他人建立适当关系的视角。我们既需要自上而下去分析社会的结构，从而明确把我们联系在一起的许多方式，也需要了解我们个人生活经验的具体细节，以便更好地理解我们建构及体验这些关系的方式。

或许通过说明我在美术馆看到名画《星期日午后的大碗岛》时的体验，可以更好地解释我所说的全景分析法是什么意思。当我站在房间入口时，全景一览无余。这幅画非常大，里面画的是一个星期天的下午，在一个公园里消遣的许多不同的人物。当距离拉近时，我对画中的每个人物看得更清楚了：一个妇女在捕鱼、一个红衣女孩在奔跑、塞纳河上漂着小船、有人牵着一只宠物猴。但是直至我走到画前，我才看清画上的一系列圆点或画漆颜料，是它们一点一点构成了全画，但只有在把它们合起来看时，才能看清全貌。同样，为了理解我们为什么会那样想和我们为什么会那样做的方式，我们必须分析我们作为个体所起的作用，分析我们与他人之间的关系，以及由全景所反映出的我们共同结合起来的方式。

社会学为我们提供了我们在个体及集体层面如何相关联的答案。在个体层面，社会学有助于我们每个人更好地理解我们自己的经历。它甚至还能帮你解释：你为什么会走到今天读我这本书的地方。我将此称为"个体社会学"，通过它，我们可以恰当地说明我们的社会地位和社会互动对我们所做选择的影响。社会学也可以通过我所称的"公共社会学"，无论是在地区、国家层面还是在全球层面，为我们提供信息，从而更明智地做出有关我们集体未来的决策。换言之，社会学应该同时在个体和集体两个层面上更好地了解我们的现状，以便可以就我们人类将走向何处、我们该如何实现目标做出更明智的决定。

当我们分析社会学的定义时，我们将会看到它有四个基本部分：个人、社会、个人与社会的关系、差异性的后果。虽然我们将会发现关于个体和社会的一些基本的社会学事实，但是本书首要关注的则是这两者之间的关系，即关注我们的行动如何塑造了我们周围的世界、我们又是如何被我们生活其中的世界所塑造。为了理解这种关系，我们自然要涉及这样一个事实，即我们所处的位置会影响我们可能做出的选择。

虽然本书涵盖广泛，但它其实只是一本入门书，只是对这一丰富而复杂的学科所做的一个简要介绍，也可以说是培养大家社会学兴趣的一个邀请。我的目的在于把握社会学的核心观点。本书没有涉及那么多的概念、思想、研究及更多的领域，不是因为它们不重要，而是因为我想使本书易看易懂。我希望它能为我们认识和了解社会提供一种新方式，从而使我们每个人都能获得更多的社会学知识：更多的理论、更多的资料、更多的研究。为了有助于进一步探索，每章的"思考题"要求我们去分析各章主题的意义。

　　我希望本书及相关的探索分析会使你喜欢上社会学。正如我在最后一章指出的，我觉得做社会学应该是一种生活方式。我期望，接触过社会学之后，你会不再以先前那样的方式去看这个世界，并期望它能改变你关于你是谁及应如何去做的认识。进一步说，我希望本书能为你提供一些工具，让你走出原来的生活世界，发挥自己的能动性，建立一个更加美好的家园。

第一部分 社会学视角

[第一章]

地位的重要意义

乔治从未得到可以过自己想过的那种生活的机会。乔治拼命想要逃离小镇上的生活，周游世界，上大学，设计桥梁，并取得更大成就，但义务和责任感都凑到一起和他作对，不让他这样去做。现在，感觉自己就像是个彻头彻尾的失败者，他站在一座大桥上准备跳河自杀。这是经典影片《美好人生》的开头片断。

正当乔治准备跳河时，天使克拉伦斯出现了，并给了他一个机会去看看他死去后的世界会是个什么样子。那里并不是一个美好的世界。乔治帮助拯救的人死了，他的家庭"借贷"业务帮助贷款的家园失去了，他生活其中的当地社区也变糟了，这很大程度上是因为邪恶的波特先生（当地地痞头目）的暗中交易。乔治懂得了他对家庭、朋友与社区有重大影响。随后天使说话了："（一个人的）一生关联到许多人，一旦他（或她）不在了，就会留下一个可怕的大洞。"听过天使的话，乔治放弃了自杀的想法，赶回家等候自己的亲人和朋友，他们团结一起使自己的买卖起死回生。

影片的重点在于个体自由与社会约束、个体与社会之间的关系，从本质上来说，这都属于社会学的问题。一方面，这部电影展现了一个关于一个人的存在能够给他人和社会带来多大差异的故事。影片导演曾说他拍这部影片的目的之一就是"彰显个人的价值"。我们从社会学中获得的认识之一是，我们的行动及我们的个人行动非常重要。正是通过我们的行动，"社会"才得以形成。没有行动的个人，社会、机构、组织和群体统统都不会存在。而且这些结构一定是嵌入性的，当我们共同参与我们的日常生活时，我们就形成了结构。

另一方面，电影讲述的也是一个关于社区、家庭和社会背景的力量的故事。它涉及的是我们可能有的选择受到我们所处地位和环境制约的方式。虽然乔治逐渐喜欢上他自己的选择所指向的生活，并且最后他被称为"本镇最富有的人"（一个与金钱几乎毫不相干的称号），但事实却是，他从没有机会去周游世界，或是去造摩天大楼。他的选择，由于他身处儿子、兄弟、配偶、父母、朋友、生意人、社区领袖及其他更多的地位上而受到了限制。也许在他最初所拥有的地位上，这些选择从来都不会真正降临到他身上。当然，即使有这些限制，跟镇上其他人相比，乔治的情况仍要好于他们。影片没有更多地涉及那些因缺乏文化资源、社会资源和经济资源而没能获得较优越社会地位从而"没有这么精彩生活"的人的故事。

也许我们所有人都多多少少有点像乔治·贝利。我们都融入了关系网络之中。我们对我们所处网络中的其他人都会产生正面或负面的影响,相应地,其他人对我们也会有积极或消极影响。我们都想把自己的命运握在自己手中,但却又不得不面对这样一个现实:我们自己的抉择受到我们所处的社会地位和我们有时能控制有时则不能控制的资源的限制。我们通过我们所做出的抉择、我们所做的事情去创造社会。与此同时,我们又是社会的产物,为我们周围的人所塑造。对我们每个人来说,就像乔治·贝利一样,许多结局都是可能的(这是个人选择的本质属性),但却不是所有的结局都有同样的可能性(这是社会地位和资源分配不平等的本质属性)。

本章将首先分析我们在社会关系中所处的地位影响我们所做抉择的一些方式。尽管我们往往会理所当然地把我们的选择看做自己的个人喜好所为,但当我们后退一步纵览全局时,我们就会看到:处于类似地位的人往往具有相近的喜好,并会做出类似的选择。换言之,当我们分析过地位的意义之后,我们就可以更清晰地去认识我们自己和他人。

我们所处的地位决定了我们是谁

社会学有助于我们分析个人与社会之间的关系,以一种独特的方式回答两个根本性的问题:"为什么我们会照自己做的那样去做?""为什么我们会照自己想的那样去想?"当然,完全也可从许多不同的角度去回答这些问题。心理学家也许会说:"我们的所做所想产生于人际关系的发展、我们的无意识或者我们的心理。"哲学家可能会用更多的问题来回答："我们真的行动了吗？"或"什么是真实的？"但社会学家则是通过关注背景或地位的重要性，来解答有关人类所做所想的问题。我们在社会结构中所处的地位，决定着我们对资源的获取，也决定着我们能否做出切实可行的选择。一句话，我们所处的地位决定了我们是谁。

在美国社会，我们总是趋向于认为我们自己是独立的个体，并独立于我们周围的世界。我们相信我们能对影响我们的东西加以控制，并相信我们能够精挑细选出我们最喜欢的东西而放弃其他东西。但从社会学视角来看，这是一种极不真实的想法。我们确实可以选择，但我们的个人喜好免不了会受到家长、老师、朋友、敌人、电视，以及其他形形色色东西的影响。我们会影响我们周围的世界，反过来我们也会受到我们周围世界的影响。

社会学就是研究这些影响。**社会学**是对个体与社会之间的关系以及差异性后果的系统研究。我们通过社会学来学习如何思考与思考什么、我们该做什么与不该做什么，以及如何根据我们的经验和关系知道如何跟物质世界进行互动。我们处在一个观念、经验和事物相互交织的网络中，当我们试图在这个世界上开辟属于我们自己的道路时，我们依赖于所有这些方面。

了解了那些影响我们所做所想的事物，可以帮助我们做出更加明智的选择。例如，如果不能正确认识个人与社会的关系，就会使我们对个人和社会问题做出有误的诊断，进而则会对那些让我们头痛不已的事情做出不恰当的处理。法国社会学家布迪厄提出了这样一种看法:"社会学说明的是群体如何发挥作用,以及如何利用这些能够控制群体发挥作用的规律去努力驾驭它们。"只有正确认识到我们的思想和行动由我们所处社会地位决定的程度,认识到我们不是完全自由的,我们才能对改变我们自己和我们的世界做出更加切合现实的选择。

世代:婴儿潮一代、X一代、新千年一代

谈到"社会"对我们个人选择的影响,也就提出了这样一个问题:"社会"这一术语的意思太过模糊,在解释社会成员的特征上不会对我们有真正太大的帮助。社会学家更喜欢分析那些更具体的群体范畴,诸如性别、社会阶级、收入类群、教育类群、部族、宗教团体等,以便更好地去理解影响我们所做所想的因素。当我们环视四周,我们发现那些跟我们很相似的人,似乎跟我们一样在做着许多相同的事情。

社会学家证明群体成员影响的一个重要途径,就是把社会成员分为不同的"**世代**"来进行分析。如"婴儿潮一代"和"X一代",已成为那些碰巧出生在同一时代但实际上却属于不同类别的人的共同标签。其假定是:每一代人的属性,决定了我们是谁,以及我们如何行事和我们的思维方式。要验证这种观点,我们所需要做的,就是去问一下不同时代的人的喜好,然后对他们的回答进行比较。

如果你去问一群高中生或大学生他们最喜爱的电视节目或影片

或音乐是哪些时，你很可能会得到大量相似的回答，特别是在这些学生有着相似社会背景的情况下。如果你让他们回答，他们认为自己的父母或祖父母最喜欢的是什么时，他们的第一反应往往是会笑出声来。学生们跟其父母或祖父母之间在喜好上的差异，与某些人猜想的相反，并不是由于音乐、电影或杂志的质量高低，也不是由于个人的智力或优雅的品位。在某一特定的同辈群体中，品位至少像它是某一事物本身的内在品质一样，同样重要。学生通常喜欢学生的流行文化，父母、祖父母则通常喜欢他们的流行文化。这两类群体的选择都来自他们所处的地位。可以肯定，在未来 20 年内，当今这代人的孩子，将会嘲笑他们的父母竟会去听小甜甜布兰妮、白人说唱歌手埃米纳姆等人的歌曲，以及戴夫·马修斯的"熟音"广播电台。

社会学家称这些世代群体为"**年龄同期群**"，它是指仅仅因为出生在差不多同一时代而具有相近年龄并因之而具有类似经历的一群人。举例来说，我的女儿埃米莉和埃莉诺是绝不会生活在一个没有哈利·波特的世界，或是生活在一个没有个人电脑的世界，或是生活在一个与我们现在认为是理所当然的文化生活的许多方面都不同的世界。另一方面，我的祖父出生于 1899 年，他所居住的屋子里没有电话、没有电视，甚至也没有室内水管。我祖父和我女儿因为出生年代不同而所处的这两个不同世界，塑造了他们各自看似理所当然的态度和行动。

历史事件会以我们通常不能理解或不能欣赏的方式塑造不同代

人看问题的态度。随着年龄增长，我们很容易忽视我们成型的经验很大程度上是我们同期群所独有的，而跟后来的同期群是不一样的。对大多数目前在校的大学生来说，"二战"已是古代历史，但对那些超过70岁的人来说，近年来他们被誉为"最伟大的一代"，他们常把"二战"看做自己生活中的一个重要事件。每一代人的标志性事件都比较容易找到，并且往往可以用一个词或一个人名来概括：如肯尼迪、小马丁·路德·金、"水门事件"、"挑战者号"、"9·11"。

社会学家通过跟人交谈、倾听来搜集有关世代差异的信息，分析其生活模式，然后再推而广之涵盖更多类别的人。把人群按代际进行划分多少有点武断，因为在一代人结束和下一代人开始之间并没有一个绝对的年份界限。两种最常讨论到的世代是"婴儿潮一代"和"X一代"。"婴儿潮一代"的名字出自"二战"后出生率的急剧上升，包括那些出生在1946—1964年间的人，1964年人口出生率又回落到战前水平。"X一代"包括那些出生在1965—1978年间的人，这一名字主要来自一本书《X一代》(1991)，这一代跟婴儿潮一代的不同，主要不在生育率而在文化上。尽管这是说明出生在这些时期的人最常见的两种方式，但社会学家庞泰尔（Jonathan Pontell）注意到，把那些出生在1942—1978年的人仅仅划分为两类，其中一类包括的年份比另一类要多很多，并不能恰当地解释人们在品位上的差异。他通过收集有关信息，根据区别性的特征将其进一步划分为三代人，其时间跨度也更为均匀：婴儿潮一代、琼斯一代和X一代。表1.1列出了这三个同期群的一些显著特点。在这些例子中我们看到，主要依据其出生年代去概括大多数人的喜好是可能的。

表 1.1　较近的三代人的一些喜好（庞泰尔模型）

	婴儿潮一代	琼斯一代	X 一代
出生年份	1942—1953	1954—1965	1966—1978
口号	要做爱，而不要战争	没有核武器	无所谓
首饰	和平象征项链	战俘手镯	鼻环
聚会	伍德斯托克音乐节	现场援助	追求新异
姿态	焚烧兵役应征卡	裸奔	即兴舞乐
热点地区	圣弗朗切斯克	奥斯汀	西雅图
诗人	鲍勃·迪伦	布鲁斯·斯普林斯汀	柯特·科本

资料来源：Wellner（2000）。

以表 1.1 为指引，我们还可以进行小规模的研究项目，增加有关下一代喜好的新一列（常称他们为"Y 一代"或"新千年一代"）。其实许多研究者都已做了这样的研究，并不是只有那些想要了解下一代消费喜好的营销人员才去做这种研究。你谈话的人越多，由其回答所呈现出的带有共同模式性的东西也就越多。

虽然同期群研究能够并且确实也有助于我们去认识年龄差异（以及相关的社会地位）的重要性，但单是其本身并不能说明我们的行动和信念。实际上，"世代"这一概念也是相当宽泛的，并因此而会忽略世代内的许多重要差别。这种世代研究往往会过分体现那些属于主流文化者的喜好，而忽视了整体中群体间的显著差别。因此仅仅提年轻人与老年人是不够的，我们还必须进一步考虑到影响我们的其他一些重要范畴，其中包括社会性别、社会阶级、教育、收入、职业等。

年龄与社会性别：人口统计学因素和电视喜好

分析世代或同期群，只是社会学研究我们的喜好具有什么模式的主要方式之一。我们的选择模式还受到其他因素（如性别、种族和民族、收入）的影响，其影响程度可以很明显地通过分析人们喜爱某些电影、歌曲和电视剧的程度来加以说明。总体的衡量等级，例如前十位排行榜和畅销排行榜，体现的是绝大多数人群的喜好，但却可能掩盖各群体之间的显著差异。例如，电视广告充分认识到，仅仅在收视排行榜前几位的节目中做广告是不够的。他们考虑到人口**统计学因素**，即人口的统计特征，因此他们能够找到人们所喜欢的节目，他们知道这些人最感兴趣的是什么，然后就把广告放在这些最吸引观众眼球的节目上。

通过分析电视收视率，我们可以看到人口统计特征对我们喜好的影响程度。据尼尔森媒体研究所的电视收视率调查，2004—2005年所有住户最喜欢的节目前五名是：CSI（犯罪现场调查）、美国偶像（周二）、美国偶像（周三）、绝望主妇、CSI之迈阿密。

这些数字反映的是数以百万计的个人喜好。不过，隐藏在这些数字背后的却是巨大的差异性。在这些"平均"喜好之中，不同的人群类别又有不同的喜好。例如，年收入10万美元以上的家庭最喜欢看"绝望主妇"。因此我们可以再次看到：我们个人的选择显然受到我们所处社会地位的影响。

关于"世代"的影响，我们也可以通过年龄来对照其喜好的不同。表 1.2 中列举了不同年龄组中最受欢迎的 10 个节目。虽然每一年龄组中肯定都有共同喜欢的节目：如 CSI、美国偶像和幸存者，但各组之间也存在着显著差异。当我们对比最年轻组与最年长组时，这一点表现得尤为明显。这两组在他们列出的最喜欢的前十位节目中，只有两个是共同的（CSI 和幸存者帕劳），彼此间的不同相当突出。例如，"美国老爹"在最年轻一组中排第 4，在最年长一组中则排第 196。类似地，最年长一组更喜欢"60 分钟"，排第 3，而这一节目在最年轻一组中则排第 192。事实上，青少年所喜欢的前 10 个节目中有 5 个（"恶搞之家"、"美国老爹"、"辛普森"、"简单生活 3"和

表 1.2　不同年龄段最受欢迎的电视节目（2004—2005）

12—17 岁	18—24 岁	25—54 岁	55 岁以上
美国偶像（周三）	恶搞之家	美国偶像（周二）	CSI
美国偶像（周二）	美国偶像（周三）	美国偶像（周三）	铁证悬案
恶搞之家	美国偶像（周二）	绝望主妇	60 分钟
美国老爹	美国老爹	CSI	寻人秘探组
辛普森	绝望主妇	幸存者帕劳	人人都爱雷蒙德
绝望主妇	辛普森	幸存者瓦努阿图	NCIS
简单生活 3	实习医生格蕾	飞黄腾达 2	CSI 之迈阿密
CSI	CSI	实习医生格蕾	好汉两个半
改头换面：家庭版	NFL 周一橄榄球之夜	CSI 之迈阿密	幸存者帕劳
幸存者帕劳	简单生活 3	急诊室的故事	幸存者瓦努阿图

资料来源：Nielsen Media Research（2005）。

"改头换面：家庭版")，在最年长一组中没有排进前50。同样，最年长一组所喜欢的前10个节目中有4个（"铁证悬案"、"60分钟"、"人人都爱雷蒙德"和NCIS[海军犯罪调查处]），没有出现在最年轻组的排名前50之列。尽管这些差异在其他年龄组之间没有这么极端，但是不同年龄组在节目喜好上的不同却是显而易见的。

除年龄外，我们还可以通过分析其他人口学因素，来说明它们对电视节目喜好的影响程度。例如，我们可以分析男性和女性在不同的大众文化领域方面的差异。表1.3列出了男性和女性最喜欢的位于前10名的节目。显然，在橄榄球节目方面性别差异最为突出。尽管在所列出的这10个节目中有7个是重叠的，但"周一橄榄球之夜"在女性排名中只列第66位（在男性排名前10位中其他两个与橄榄球有关的节目在女性排名中甚至更低）。在女性排名前10位的节目中，男性把"实习医生格蕾"排名很低，排在第17位。毫无疑问，会有一些女性（像我的妻子）喜欢橄榄球，同时也会有一些跟我一样的男人喜欢"实习医生格蕾"，但是社会性别作为一个广泛的社会类别，的确会影响电视观众的喜好。其他一些节目，男性喜欢的程度显著高于女性，包括"60分钟"、"24"、"拉斯维加斯"和"纽约重案组"。反过来，对"急诊室的故事"和"法外柔情"这些节目，女性表现出比男性更大的偏好。如果我们知道某人是男性还是女性，我们就可以更好地预测此人所喜欢的节目，这比我们不知道他们的性别时往往会预测得比较准。

表 1.3　不同性别最受欢迎的电视节目（2004—2005）

男性	女性
NFL 周一橄榄球之夜	CSI
CSI	美国偶像（周二）
美国偶像（周二）	美国偶像（周三）
美国偶像（周三）	绝望主妇
绝望主妇	铁证悬案
幸存者帕劳	幸存者帕劳
NFL 礼拜天对抗赛	CSI 之迈阿密
CSI 之迈阿密	实习医生格蕾
NFL 周一表演赛	幸存者瓦努阿图
幸存者瓦努阿图	人人都爱雷蒙德

资料来源：Nielsen Media Research（2005）。

比起单纯去看为了销售某些东西而选择做广告的节目，我们从分析这些最受欢迎的电视节目中能了解到更多的东西。而且，当要去理解我们是谁和我们为什么会那样去想和做时，收入、年龄、社会性别都是非常重要的因素。简而言之，人口统计学因素非常重要。属于不同人口类别的人们，不会拥有共同的经历或社会影响。如果我们不考虑到这些方面和其他一些社会因素，我们就无法理解自己。我们作为个体所做的选择，会受这样一些现实的影响，即我们是富人还是穷人、是年轻人还是老年人、是男性或女性。我们选择观看什么样的电视节目，反映了我们生活所处的不同流行文化世界，由此也引出了一个问题：我们所处的"真实"世界在多大程度上存在显著差异。

生活方式簇：人口统计学因素和消费

如果仅仅根据年龄、社会性别这些基本的人口统计学因素去研究群体偏好，很可能会忽略社会地位影响个人选择的一些重要信息。为了弥补这一不足，社会研究者已经建构了更加具有综合性的模式，该模式把年龄、社会性别这些群体特征，跟受教育水平、收入和其他方面都结合起来，以得出关于人们生活方式的结论。其结果就是亚群体，它更常用的一个名称是**生活方式簇**：它是指根据人们的消费偏好、群体成员身份、品位、价值观和态度而将其划分为不同的类群。不仅社会学家会用到这方面的信息，那些非常想了解社会地位影响偏好的广告商和营销商，也会把这一信息拿来为己所用。人口统计学研究机构可能不会同意我们的生活中存在确切数目的类群，但他们会同意类群这一概念可以帮助他们去分析和预测人们的行为。

人口学家韦斯（Michael Weiss, 2000）运用聚类研究绘出了一些地图，以说明不同消费者喜好高低不同的集中程度。例如，人们发现"Spam"食品最大的市场是在达科他和美国南部，最高的食用地是在密西西比州的哈蒂斯堡-劳雷尔、密歇根州的特拉弗斯城-卡迪拉克、阿肯色州的琼斯伯勒、路易斯安那州的亚历山德里亚和缅因州的班戈这些城市。参照这种方法，我们也可以绘制出其他任何消费偏好地图，从汽车到颜色，以及大学。

韦斯描绘的62个类群中的每一个都有其自身独特的消费特点，从处于社会经济等级顶端的类群（如"蓝血等级"、"马场大亨"或"城市金海岸"），到那些接近底端的类群（如"拼血汗者"、"返乡佬"

表 1.4　人口统计学类群样本及其消费喜好

	蓝血等级	中产阶级	南方城
生活方式和消费产品	乡村俱乐部、网球、管家、进口葡萄酒	红色屋顶的旅馆、个人贷款、婴儿家具、烧烤、震动烤箱	三方通话、大学篮球赛、摔跤比赛、即食食品、本地啤酒
报章杂志	《华尔街日报》、《长寿》、《建筑文摘》、《美食家》	《养育》、《美好家园》、《好管家》、《飞车手罗德》	《乌木》、《婴儿谈话》、《时尚先生》、《肥皂剧摘要》
电视和广播节目	经典电台、"大片剧院"、"华尔街"	"鲍勃·维拉回家"、"全美最高通缉"、"詹妮·琼斯"、"ABC 世界体育"	都市-当代广播电台、宗教/福音电台、"美国早安"、"斯普林格脱口秀"
车辆	法拉利、路虎、捷豹	雪佛兰飞星旅、铃木武士、福特皮卡	现代伊兰特、现代索纳塔、凯迪拉克弗利特伍德
不喜欢的东西	凯马特、手疗法医师、淡水产品、婴儿食品	大学生橄榄球联赛、乡村俱乐部、在车库更换减震器	优惠券、野营、燃气炉、木工、拖拉机

资料来源：Weiss（2000）。

或"南方城"）。表 1.4 列举了这三个类群的部分喜好，它们分别代表了最高层、中层和底层各个等级。在这里我们可以看到，不同类群的喜好如何不同，以及广告商和营销商如何充分运用这样的信息去牟利。虽然我们往往想忽略我们的选择有其定式这个事实，但广告商和生产商却是不会忽略这一点的。

社会生活的象征意义：作为标志的都市传闻

通过深入分析人口统计学因素对我们所做选择的影响，可以使我们更加清楚地认识到我们还未考虑到或忽视了哪些其他因素。事实上，社会学家就像是侦探。布迪厄曾这样说过："社会学的功能，跟其他每一门科学一样，也是为了揭示隐藏在事物背后的奥秘。"尽管我们可能没有觉察到我们的偏好在何种程度上受到社会的塑造，但社会学家进行研究的目的就在于揭示其发挥作用的方式。社会学家把我们身边的一切都看做并非是毫无异议的。他们除了分析我们的喜好模式外，还要去分析我们所做和所说事情的象征意义。这就意味着还要关注那些我们很可能会忽视的标志。

几年前，在我所在的学校，一个故事像野火一样迅速传播开来。出现在"奥普拉"谈话栏目中的一个精神病患者说，一个打扮成《玩具总动员》里牧羊女娃娃的人将于万圣节在一个较小的中西部高校进行杀人游戏，从英文字母是 C 的宿舍开始，该宿舍类似于字母 L 形状。这个地方就是位于艾奥瓦州佩拉的中央学院，居住在加斯堂的学生对此特别关注。现在回想起来，很明显，这个故事是一个都市传闻，但当时校园中兴奋、焦虑和恐惧的程度却是相当真实的。我听到了一些学生的故事，他们决定回家过万圣节，或者他们的父母为其在当地汽车旅馆租了房间，"以防万一"。当我问及何时出现过这一情况和谁看到了等详情时，学生们个个都是振振有辞（例如，"我的室友昨天在'奥普拉'上看到了"）。然而，在互联网上快速检索"奥普拉"的节目后，并没有找到任何似乎与这个故事相关的条目。另一方面，当我搜索"波比都市传闻"时，瞧！原来这同一个故事至少自1968年以来就在各个校园里广为流传了，只是版本略有不同，以便使故事中的细节更加符合当地场景。一家专门刊登有关都市传闻的网站报道说，这个故事仅1998年就至少在30所学院或大学出现过。

我们都很熟悉这样的故事，而且我们大多数人都会在某个时间屈从相信其中的一些故事。经典的都市传闻可谓众所周知：保姆接到一个接线员的电话，告诉她马上离开这所房子，因为她会接到来自楼上卧室的骚扰电话；约会后在车门上发现了一个钩子；某人从墨西哥带回的宠物狗，结果变成了一个家鼠；吸毒保姆把女婴放进烤箱；一名女子跑进急诊室，以为她的后脑被子弹击中，大脑流出来了（实际是后排座椅上的一个新鲜面团罐爆炸了）；可乐中发现老鼠；学生到底应等迟到的教授几分钟取决于教授的职级；期末考试只有一个问题："为什么？"只有一个学生得了"A"，他的回答是"因为"。除此之外，还有数以千计的这类故事，它们多年来一直都是图书、电影、篝火故事的素材。

虽然人们花了很多精力去找寻这些故事的起源，并追溯它们在不同时间和地点的不同版本变化，但从某些方面来说，它们是真是假并不重要。就社会学意义而言，有趣的是这些故事为什么会传开？我们能从中发现哪些有吸引力的东西？它们告诉了有关我们自己的什么情况？都市传闻研究者提出，这些传闻是我们面对现代生活时所关注的事情。它们是以民俗一贯的作用方式，如用劝诫语、道德故事，而发挥功能的。通过都市传闻我们被告知应提防技术的影响，关注城市生活的匿名性,提防陌生人和其他文化。我们可以从这些方面发现我们对社会性别、性、社会变迁等事物的态度。分析这些故事，以之为指导了解一下我们畏惧什么或者什么会令我们尴尬，有助于我们更好地理解我们为什么会那样想那样做。

我们周围的世界充满了意义。事物（物体、词语、故事）不仅仅是事物，事物还是象征符号。它们因我们而充满意义，这种意义性只有在与其他事物/符号形成的关系网络中才能体现出来。它们的意义也可以是多层次的。一方面是显而易见的、看似理所当然的、"玫瑰就是玫瑰"这种意义。不过也有一些不那么明显但同样重要的意义，我们只有后退一步，换一个角度来看，才会认识到这些意义。例如，玫瑰除了自身的意义外，还被看做爱情的象征，或是作为财源，或是作为家业兴旺发达的象征。

150多年前，美国社会学创始人之一马蒂诺（Martineau）提出，学习歌曲非常重要,因为我们可以更深入地去思考都市传闻。歌曲指向的是我们所关心、在意和感兴趣的东西。然而我们必须记住，歌曲和传闻也并非仅仅反映我们所关注的东西。它们同样可以塑造自己。比如，我们可以想一想像《星条旗永不落》这首歌如何影响我们对我们这个国家的认识：它的历史和宗旨、我们作为公民的义务、使其强大的东西。

歌曲和其他流行的表现形式，比如小说和电视节目，对许多人来说是非常重要和有意义的。虽然文化精英可能会看不上大众文化，但我们应该关注它，因为它有助于我们更好地了解我们自己和我们所生活的世界。例如，通常为音乐批评家所喜欢的艺术家，从来没有获得过广泛的追捧，而大学广播站通常播放的"另类"歌曲，在主流电台更是从未听过。但就像文化评论家克洛斯特曼指出的那样："加思·布鲁克斯和仙妮亚·唐恩售出的唱片比鲍勃·迪伦和莉兹·费尔多约1.2亿张，之所以会这样，并不是因为买主都是一群十足的白痴，而是因为加思和仙妮亚在表达人类生活状况方面做得更好。他们的才能并不高，但是他们能够明了更多人的内心。"虽然我并不怎么喜欢听布兰妮的歌，但作为一个社会学家，我却有必要注意她说了些什么、其对想买唱片的人来说意味着什么。

社会学通过鼓励我们既要后退一步从一个更宽广的视角完整地审视我们所想所做的模式，又要走近一步察看我们日常生活中的具体经验，从而使我们得以了解全局。寻找日常事物的意义，是社会学的任务之一。在自然科学中，显微镜和望远镜使科学家看到了那些我们以前未曾见到的东西。社会学也为我们提供了新的透镜，新的考察我们自己和世界的方法。通过分析都市传闻、消费选择、电视节目喜好模式和社会生活世界中的其他现象，寻找里面隐藏的模式，我们可以识别出我们的个体偏好为我们所处的社会文化和社会结构所促成或塑造的方式。

权力、特权和地位

社会学不只是描述社会,说明我们的偏好是如何形成并具有模式性的。它也可以对我们如何确立这些模式及其原因提供批判分析,并能帮助我们对是否希望维持这些模式提出问题。例如,社会学家对像阶级、社会性别这些人口学统计因素的关注非常重要,这不仅是因为它们体现着不同的社会世界,还因为它们能够塑造社会地位,并影响我们可能拥有的机会和可能遇到的障碍。在美国,我们非常重视个人奋斗,但我们可以从社会学中获得的教益之一则是,我们是基于自己的社会地位而继承了优势和劣势。换句话说,我们关于平等和机会原则的信念,可能与因群体特征而限制人们获得机会的现实是相冲突的,这些特征大多是与生俱有的,它们可以限制某些人的机会,而给予另外一些人以权力和特权。

因此,社会学所提供的一个基本观点就是:重视社会地位的意义。我们是谁和我们的生活有可能会是什么样,很大程度上就是我们所处社会结构作用的结果。或许决定社会地位最重要的因素是我们的父母是谁。然而,对此我们却别无选择。如果我们出生在危地马拉、法国、肯尼亚、日本,那么我们的所做所想就会不同于出生在美国郊区、父母是中产阶级的我们。我们的社会关系、我们坚定持有的信念、我们所获得的资源,都是我们所处地位的结果。这一现实对社会学研究来说具有非常重要的意义,在某种意义上可以说是社会学研究的根基所在。

思考题

1. 分析世代、社会性别这些人口学因素对我们所喜欢的东西的影响，我们的喜好在多大程度上来自自己？我们在多大程度上可以自由选择？

2. 以表1.1为模板，想一下属于"新千年一代"的那些人是否适合对应的类型？你会如何验证自己的猜测？

3. 布迪厄说："社会学的功能，跟其他每一门科学一样，也是为了揭示隐藏在事物背后的奥秘。"思考一下人口统计学因素和类群，我们从更仔细、更深入的分析中学到了什么？我们通常为什么不会注意到这类事情？

4. 如果你去分析"25个最火爆的都市传闻"中的一部分或分析目前"排行榜前10名歌曲"的歌词，我们会了解到什么样的美国文化？在美国人认为什么很重要或者他们在关注什么这些方面，它们可能会告诉我们什么？

5. 认识到我们的不自由（我们的信念和行动在一定程度上是由我们所处的世界所决定的），会怎样增加我们的自由？

[第二章]

社会学的想象力

几天前，我学会了一种新的纸牌游戏。这让我开始思考社会学，以及地位的作用是什么。在这一游戏中，地位不仅影响到我成功的可能性，甚至影响到我如何思考我自己以及我的能力。我们六个人来玩这个游戏，分别占了六个地位：国王、王后、侍卫、商人、农民和仆人。我们围坐在桌子旁边，这样从上到下，每个人都能发到九张牌，然后，仆人将其最好的三张牌送给国王，反过来从国王那里收到最差的三张牌。类似地，农民与王后交换两张牌，商人与侍卫交换一张牌。国王开始出牌，其他人依次出一张（或一对、一组）更大的牌，或者放弃出牌。这一轮中出牌最大的那个人领头开始下一轮。所有人的牌都出完之后，开始交换座位：第一个出完牌的人成为新一轮的国王，最后一个出完牌的人成为新的仆人。

很幸运，游戏一开始我就抽到了国王。在上半场游戏中，我一直居于前三个皇室地位之一。即使领到差牌，我也能用差牌换取好牌。可是后来我手里的差牌越来越多，我的地位从王后一直跌到仆人。在游戏的后半场，我再也没有返回皇室的地位。当然，在游戏中技巧也很重要，但是顶端人物所处的有利地位也是毫无疑问的。他们拥有更多可支配的、重要的资源，可以将坏运气排除在外，利用其优势维持自己的地位。

从社会学角度来说，这个游戏给我感受最深的是：随着我所占据的地位以及相应地控制的资源的变化，我对游戏的反应与感觉是如何改变的。当我处于顶端时，我将之归为技巧，当我落到底部时，我就会谴责坏运气与不公正的制度。当然，当我是国王时，我明白我拥有处于底端的人所缺乏的优势，但同时也觉得自己玩牌的技巧很高明，而且技巧在这个游戏中的确很关键。我的自我感觉很好。然而，当我处于底端时，我就开始变得沮丧起来，开始怀疑自己其实根本没有多少技巧，并会公开抱怨那些处于顶端的人拥有不公平的优势。例如，我记得自己曾不得不放弃了几张王牌，作为回报，获得了几张毫无用处、事实上也不可能摆脱的牌，并不断抱怨游戏是多么的不公平。然后，我垂头丧气地回到了家中（而且这个晚上还是以我的妻子的打击而告终。她嘲笑我虽然一开始拥有国王的地位，最终却也无济于事）。

游戏中我所占据的地位塑造了我的认识，甚至决定了我的感觉。我们从社会学中得到的收获之一就是：我们的所做所想，甚至我们如何感觉，都不仅仅是我们自己个性特征的问题，而是与我们所处的社会地位有重大关系。在社会学家看来，个人生活与社会结构是缠绕在一起的。

尽管社会学归属社会科学，但它却又不仅仅是一个由需要学生在考前熟记的理论与资料组成的学科。社会学提供了一种工具，让我们能够理解我们是如何想和如何做的，以及为何会这样想和这样做的。它应该能帮助我们对于我们追求的目标及如何实现目标做出有依据的决策。本章我们先来分析"社会学的想象力"，它是以社会学眼光了解世界的首要工具。接下来，我们将进一步考虑社会学的定义。最后，我们将着眼于社会学是如何逐步地向前发展，帮助我们回答有关个体与集体生活问题的。

社会与个体：历史与人生

处于社会学核心位置的是个体与社会之间的平衡问题。为了了解这一关系，美国社会学家米尔斯在1959年提出了"**社会学的想象力**"这一概念。社会学的想象力以最简单的形式说明了我们如何认识生活中历史与人生相互交叉的重要性。在这一意义上，"历史"涉及我们的日常生活所借以展现的地点和背景。"人生"涉及我们个体的、个人的经历。换言之，**社会学的想象力**是分析作为个体的我们与塑造我们生活的更大的社会和历史力量之间关系的意愿和能力。如果不能理解我们所处的时空，就无法理解作为个体的我们是谁。正如社会学家伯格（Peter Berger，1969）所说："每一位个体的人生都是社会历史的一段插曲,后者为前者拉开序幕并会延续下去。"

从社会学意义上来说,"历史"不仅意味着我们所处的时空,还意味着我们从中发现自己并获得资源的相应地位。在古典社会学中,"历史"意味着我们在更大的社会结构中所占据的地位。例如,我们生活在21世纪初期这一事实,意味着我们有条件获得更早的年代所不存在的商品、服务与机会。我们在21世纪初所过的生活,从根本上来说,受到如下这类事实的影响,即我们拥有充足资源,我们能坐飞机旅行,或是用电话或电子邮件与世界另一边的人保持联系。我们不会像我们的祖先那样受到时空的约束,这彻底改变了我们关于什么是可能的、什么是不可能的认识。当然,那些生活在相同的时空但却没有机会获得同样资源的人,即处于不同结构位置的人,也不会获得同样的选择,这也是事实。

"人生",在社会学的意义上,包含了我们的个体经历。它是关于作为个体的我们每一个人的所思所行及所做的选择。每天早上我们一醒来就会做出一系列选择:是否起床;是否淋浴、刷牙或洒点香水;是开车、步行还是骑车;是否去上班或者上课。这些行动中有许多可能看上去都是无意识的,但事实却是我们仍在选择。我们在行动。没错,我们是在行动,然而,正如社会学的想象力提醒我们的,我们是在我们的社会结构与文化中(也就是说,在我们的"历史"中)行动的。

正是米尔斯希望我们能把社会学的想象力作为一个实用工具,来理解社会如何对我们的生活施加影响。它要求我们分析这幅宏大的画面。我们既要退一步，全方位地看一看历史，又要再向前走近一些，关注到个体意识，并分析画面中来自人生的个体因素是如何相互关联的。这种双重意识，也就是说既认识到个体的作用也认识到社会的作用，对于我们理解我们的行动与信念是很有必要的。正如米尔斯所说："如果不能同时认识到它们，个体的生活与社会的历史都将不能被理解。"过于偏向社会或者个体的解释都是不恰当的。我们的确受制于社会中的位置以及社会的历史，但我们也完全可以选择去战胜其中某些束缚，打拼出一条通向未来的新道路。社会学可以让我们更好地分析并理解这些束缚。

生活机会

我们从社会学的想象力中得到的收获之一是，处于相似地位的人们会做出相似的选择。处在相似地位的人们拥有获得相似资源的途径，这意味着他们面对着相似的障碍与机会。获得资源的机会能够决定谁能随心所欲以及谁不能如此。描述这些资源的方式之一是将它们做如下划分：

- 物质或经济资源：你拥有什么（金钱、资产与土地）
- 社会资源：你认识谁（社会网络与声望）
- 文化资源：你知道什么（观点、信念与价值）

例如，到国外度周末或日常电子邮件联系不是每个人都可以享有的这一事实，就可以表明社会地位与获得资源途径的重要性。

在美国，我们愿意相信，地位在某种程度上是我们可以控制的东西，但事实却是我们经常无法选择。我的女儿埃米莉还在上幼儿园时，就开始谈到长大后想要干什么。后来，她需要在芭蕾舞教师与麦当劳工作人员之间做出选择，她选择了后者。我承认，听说快餐服务员是她的最高职业目标，我觉得比较好笑，因为我并不希望她长大后去干这一行。为什么呢？因为成为医生、律师、教师、电工、注册护士、农民、卡车司机、印刷工、麦当劳的服务员，或大学教授的可能性，是随着你的社会地位以及你所能获得的资源而变化的。尽管我的两个女儿长大后也可能会成为麦当劳的服务生，但是作为两位大学教授的孩子，她们所能获得的经济、社会与文化资源使得这一结果不太可能出现。反过来，麦当劳终身服务员的女儿，尽管不是完全没有可能获得成为芭蕾舞教师或大学教师的经济、社会与文化资源，但这种可能性毕竟很小。

卓越的社会学思想家韦伯用"**生活机会**"这一概念描述了这类现实：个体可能获得的成就是以其所处的社会地位与其所能得到的资源为基础的。我们的最终成就并无严格的决定条件，但或多或少会受到我们与他人关系的影响。如果用社会学来预测个体的人生结果，那就是"由于位置不同，你的最终成就很可能也会不同"。这是因为社会学涉及的是模式与一般的结果。事实上，我们所有人都可能会考虑到我们的背景，并认识到导致我们目前所处地位的社会影响力。

一方面，个体的成长轨迹随着我们能做出的选择而改变，但在另一方面，个体所能遇到的机会与障碍却是由其社会地位所决定的。

社会问题：私人难题与公共问题

基于个体与社会之间的区别，米尔斯指出，我们应该区分个体作为个人所面对的障碍（**私人难题**）与处于相似地位的个体所共同面对的障碍（**公共问题**，社会学家则常称"**社会问题**"）。深陷个人主义文化中的美国人很乐意接受这样一种观念，即我们作为个体所做的选择有助于解决我们共同面临的难题。我们往往难以相信我们的选择会受到公共问题的影响，或是我们会对公共问题负有责任。然而，若是利用社会学的想象力，我们就可以认识到：与我们处于同样地位的其他人，通常也会面临相同的难题和做出相同的选择。认识到这一点，就可能比较容易理解：如果处于相似地位的人们面对着同样的难题，那么我们或许就可以处理那些需要在全社会范围内解决的"公共问题"或社会问题。

例如，失业常被看成是一个与个体和家庭相关的私人难题。它会影响个体的心理幸福与亲属关系，甚至与离婚和自杀的增多也有联系。对这类个体而言，失业保障与咨询或许是必需的解决方法。但仅有这些个体性的补救措施，并不能触及难题的根源。要想真正理解失业，必须对更广泛的社会与经济变迁进行分析，因为这些变迁会影响到不同类别个体失业的可能性。探索与失业有关的更大的模型——换言之,将它作为一个公共问题——可以帮助我们预测它对个体的影响,从而帮助个体与社会致力于解决这一问题。

打一个医学上的比方,不考虑潜在的社会问题就试图去解决私人难题,就像不明了引起疾病的根源而去治疗症状一样。公共问题不能仅靠个体疗法来医治。社会问题要求社会性的解决方案。

社会学是……

当我告诉别人我是教社会学的时候,他们经常会露出一副茫然不解的表情。大多数人都太过友好,或是太过尴尬,也就没有往下追问社会学究竟是什么。心理学就不会有这个问题。人们往往认为自己能了解心理学涉及哪些内容,例如,有关个体的心理问题、心理咨询等等。人们经常认为社会学研究的是有关群体的问题,而不是个体。尽管这种观点也有一定道理,但这一描述并不特别完整或准确。我写这本书的部分原因,就是要清晰地阐述社会学是什么,以及它为什么很重要,而要做到这一点,首先需要对其下一个定义。

要下定义,很重要的一点就是,要将所定义的对象与其他对象区分开。这对社会学而言有些困难,因为关于它是什么与不是什么之间的界限,有时似乎很模糊。有些人指责社会学不过是些常识。另一些人则说社会学太过宽泛——其他社会科学学科(如政治学、经济学与社会工作)将自己的研究对象限定在较小的社会领域,从而能够做出更深刻的分析。因此,一个定义既要开辟出一块广阔的空间,从而能够充分说明社会学的研究内容，同时这一空间又要相对狭窄，使社会学能与常识和其他学科区分开。

我最中意的社会学定义之一是"结成同伴过程的研究"。我对这一定义的喜爱之处在于，"同伴"一词所表达出的那种温暖、人性的感觉。它当然较之"与群体有关的"说法更能给人一种与众不同的感觉。当我们试图理解社会学是如何寻求解释我们与他人之间的联系时，如果能记住"同伴"一词，我想我们的理解就会更深刻一些。

许多作者提出的定义主要涉及对人类社会行为与社会所进行的系统、科学的研究。这些都是很好的定义，但我更倾向于关注同伴，关注作为行动个体的我们与我们所生存的世界之间关系的定义。这使我做出如下的定义：**社会学**是对个体与社会之间的关系以及差异性后果的系统研究。下面我将分别具体予以说明。

系统研究

社会学家试图运用来自数据资料与研究的信息去分析和解释周围世界。社会学家并非终日坐在办公室里闲聊。社会学知识建立在**经验信息**，或以经验或以观察为基础而不是以观念或他人的权威为基础的信息之上。这一观察方法就是"系统研究"所要表达的意义。

社会学的系统研究维度包含两个核心问题：**方法**与**立场**。方法问题涉及应把哪些东西算作资料和如何收集资料。社会学研究收集资料的方法分为定量法和定性法。**定量法**强调用数学或统计学的方法计量与分析数据资料。收集这类资料最常用的方法是调查。**定性**

法则更重视倾听与观察人们，并允许他们解释自己生活中所发生的事情。收集这类资料最常用的方法是参与观察，研究者在这一过程中会与所研究的对象进行交流互动。实际上，社会学家在进行研究时，两种方法都会用到，只是程度不同。

立场问题涉及社会学家与其研究对象之间的关系。更为"科学的"立场，鼓励研究者将自己作为客观的、"超然的"观察者置身于其研究对象之外或之上。观察行动被假定为被动的，不会对所分析的事物产生任何影响。这一立场是"科学的社会学"。另一种更多"改革的"立场，则假定社会学家必须积极主动、热情投入、非常关心研究对象；寻求去讲述他者、受排挤者及弱势者的故事，并与他们并肩战斗反抗不平等。这就是"改革社会学"。

这两种立场之间的关系，并非一种简单的二分法，最好是将其看做一个连续统。事实上，有些"科学的社会学家"坚持认为，科学的立场为其主张的合法性提供了必不可少的依据，因此其主张可以用来支持积极的社会变迁。同样，"改革的社会学家"也会致力于呈现尽可能精确与客观的事实。

个体

尽管社会学最常与"群体"联系在一起，但没有一个群体能离开组成自己的个体。因此，社会学在最基本的层面上是与个体的分析联系在一起的。应该注意的是，个体社会学是与人类有关的。与自然科学家不同，社会学家研究的则是现实的人类建构：我们如何理解世界及我们自己，如何让我们的生活富有意义，以及如何选择我们通向未来的道路。正是通过文化和语言，我们才能清晰地表达我们的愿望，并开始理解对与错、好与坏。当我们回答"我是谁"这一问题时，我们的社会自我最能清楚地解释其中的含义是什么。

　　社会学上有时会用**能动性**一词来说明个体的重要性，它意味着个体有选择和行动的自由。社会学家既强调我们选择行动的能力，又强调我们不可能任意地选择。我们不能作为一个完全自由的行动者而行动，因为我们的选择总是受到我们所处地位的限制。作为行动者，我们总是根据所能获得资源的种类，在了解各种可能结果的基础上做出选择。尽管如此，不管我们发现自己处于什么样的背景之下，也总能选择另外的行动方式。我们可以选择不去上课，不去工作，早上不起床，不守交通规则，不回应别人的问询，或者不去看本书中的下一句是什么。当然，在每种情况下，我们都会面临一种行动的结果——或积极或消极的结果。我们通常都会遵循"阻力最小路径"原则，其含义是为他人所接受和期望的行动和信仰，但是否继续遵循它们，则是我们每个人在生命中的每一秒都要做出的选择。

社会

　　"社会"这一术语的含义非常广泛，它由三个密切相关的要素——结构、文化与互动组成。

　　1. **结构**包括关系与社会网络模式。这是社会学最为人熟知的一个方面——即"与群体有关"——但它又超出了群体的影响，包含了群体之间的关系以及资源的组织。我们总是在参与某些比我们自身更大的事物，我们所参与的这些事物就是社会系统。结构是描述这一系统的一种方式，它的运作有点类似建筑：建筑物的结构对不同房间的不同活动有鼓励与阻止两种作用，而建筑物许多基本的运作（如供暖与空调）我们都看不到。我们通过我们的选择构建了结构，结果就像它原本如此一样运作。历史上，社会学家一直将总体结构的主要要素称为"制度"。他们认为最普遍的五种制度是经济、家庭、教育、政府与宗教。嵌入制度中的是群体、子群体以及我们所占据的地位。最终产生的结构，为我们提供了行动的环境。

2. **文化**包括我们人为建构的与身外世界的关系。文化的三个主要部分包括物质文化、认知文化和规范文化。**物质文化**涉及填充我们周围世界的材料。它既包括高技术含量的（如计算机与喷气式飞机），也包括低技术含量的（如铅笔与手推车）。**认知文化**包括语言、思想、信仰、知识与观念。它是文化中的精神或思维部分，并且它还包含了我们如何看待世界。认知文化中最重要的部分是语言，因为对于社会互动而言，分享一种共同的语言是必须的，只有在此基础上才能共享知识、信仰和价值。**规范文化**包括行为的规则。规范是由我们应该做什么与不应该做什么组成的。这些是指导我们日常行动的原则，它们可以帮助我们了解该怎样行动，并回答类似的问题：今天我应该杀死某人吗？我应该穿衣服吗？我应该使用哪把餐叉？我们所处的环境引导着对此类问题的回答。

3. **互动**包括我们的结构地位内部文化资源的交换。我们身处的结构提供了个体与群体之间的关系网络，但这些关系必须由我们的互动去激活。连接我们与他人（工人与老板、孩子与父母、学生与教授、市民与政客）的图，只不过是一个简单的结构地位示意图。要描绘其中的关系，该图必须表明／展示出／看得见个体的行动。一段时间以前，在我家举行的那个"家庭游戏之夜"上，我们拿出了刚买回的游戏牌。（只要游戏牌放在箱子里，它就不是真正的游戏。）尽管我们看一下牌就可以描绘出这一游戏的"结构"（物质文化）、目的（认知文化）与规则（规范文化），但直到我们开始打牌时它才真正成为游戏。一旦我们开始玩它，它才是名副其实的游戏。社会也是如此，必须通过行动的个体才能得以确立、具体化，并被带入生活。"结构"与"能动性"是通过互动同时产生的。

差异性的后果

社会学定义的最后一部分涉及差异性的后果。社会学不仅描述我们的文化、结构与互动；它也要分析经济、社会与文化资源是如何分配的，并根据它们为个体所创造的机会与障碍讨论分配的结果。自从社会学创立以来，社会学家一直都很关心我们的社会位置如何影响我们获得或失去机会。

我们应特别关注对社会权力的分析，因为它影响了我们的所想所做以及为何会这样想这样做。一个简单的事实就是：那些有途径获得并能控制重要的物质资源、社会资源与文化资源的人，比起那些无法获得这些资源的人，会有更多不同的选择。社会学的主要任务之一就是揭示和分析此类不平等的程度。而这也正是社会学的定义如此关注差异性后果的原因所在。

社会学的呈现方式

　　社会学的想象力是有用的，因为它可以揭示出什么是社会学的核心东西，而且一个简明、有条理的社会学定义，可以帮助我们理解个体与社会之间的关系。但是它们都不能为我们描绘出社会学真实生活实践的完整画面。实际情况是，社会学家经常会对该学科的本质特征，以及如何将社会学呈现给他人这样的问题争论不休。社会学是一门多重范式学科，其中就"社会规律"，甚或此类规律是否可能存在都没有达成一致的意见。考虑到人类的思想与行动是复杂的，存在这么多样的声音也是不足为奇的。

　　有许多方法可以区分社会学学科内不同的视角。在社会学家的争论中，我们在这里主要关注两点。第一点是：社会学应该关注微观层面的问题（即与个体和日常生活有关的问题），还是应该关注宏观层面的问题（即与诸如社会和制度等更大的社会结构有关的问题）。第二点是：社会学家应该以更科学客观的立场，还是更积极改革的立场来披露数据资料。分析这些争论，可以帮助我们更好地理解社会学是一门什么样的学科。在这两种争论中，尽管也可能会有人坚持极端的意见，但大多数社会学家都是居于这两个极端的观点中间，主张将两者结合起来，而不是非此即彼。

微观分析法与宏观分析法

考察社会学历史的一种观点是：学者起初是站在社会外部观察它，后来发生了转向，从社会内部来观察它。社会学创立早期，社会学家似乎倾向于认为他们能站在社会的外部，去解释它如何发挥作用以及如何决定个体的行动。这一**宏观分析法**（又叫自上而下的视角），在很大程度上描述了古典社会学家如孔德、马克思及涂尔干的工作。然而，随着时间推移，社会学家的注意力更多地放在了个体的日常生活经验中。社会学家甚至开始怀疑所谓的"社会"是否真实存在。他们的观点，简单说就是：社会并无行动，是人们在行动。从这种**微观分析法**（又叫从下至上的视角）进行社会学研究，更关注人们生活中的事情和使事件具有意义的过程，而不关注决定个体行动的普遍规律。

在本书中，我们将会把这两种观点中的见解融合到一起。综合宏观与微观社会学的见解：我们既是社会的产物，又是社会的创造者，可以让我们看到我们的行动是如何受到我们所处社会地位影响的，以及我们又是如何改变我们的行动方式的。

科学社会学与改革社会学

正如宏观分析法与微观分析法一直伴随着社会学的历史过程而发展一样，社会学家在社会中所扮演角色的两种立场——科学社会学与改革社会学——也在随着时代的变化而演变。从一开始起，社会学家就怀着改变世界的希望去寻求理解世界。然而，随着时间推移，哪种方式能更好地呈现资料及该学科，从而使社会学的主张更加合法的问题便浮现出来。一条路线是在20世纪初期确立的社会学应该具有更多学术合法性，这使得一些社会学家将自己与明确倡导社会变革及不同模型的人区别开来，他们更倾向于科学模型。

科学社会学非常明确地试图竭力模仿诸如生物学、化学等学科共同的科学方法。它致力于将研究呈现为客观的、超然的、非评价的与无私利的。信奉科学的视角与方法，使得社会学家与其他学科的学者相比，增添了更多的合法性。而且大学中社会学系的数目随着科学社会学的到来急剧增长。它使得社会学家可以为自己辩护，他们不是要追求某些狭隘的政治利益，而是像在自然科学中寻求"自然规律"一样，通过寻找"社会规律"来扩展人类知识的范围。当然，了解这些规律，可以使他们或他人支持某些社会政策，反对另外一些社会政策，但是，这些社会活动相对于社会科学研究的发展进程，以及社会学主张的科学合法性的确立而言，只被视为是次要的。

在该连续统的另一端，同样是在该学科创立之初就已确立的，是**改革社会学**的立场。它不太关注客观的、科学的观察，而是更关注描述、分析与纠正社会不平等。我选用"改革社会学"这一术语，是为了纪念最早的社会学家之一简·亚当斯（Jane Addams），她提到了"改革的"社会科学，并且是她所处时代社会学运动的核心人物。改革社会学家从内部关注人们生活经验的呼声，强调人们自己的故事、生活经历以及做出选择的能力的意义。遵循这一传统的社会学家特别关注那些处于社会边缘的人,他们不仅寻求理解这个世界,而且其明确目标就是要改变这个世界,使其变得更加美好。正如许多科学社会学家最终变得关心起改革一样,改革社会学家同样也很关心如何正确地描述我们所生活的这个世界。

近年来,社会学家已经逐渐感觉到,很有必要在"社会的科学"与该学科作为解决社会问题的工具之间进行更好的平衡。二者之间紧张关系的核心,是对社会学呈现世界的最佳方式的争论。目前社会学家仍在继续讨论这一议题,这在 2004 年美国社会学年会中可以看得很清楚。这一年年会的主题是"公共社会学"。根据年会公报,"作为社会的镜子与良知,社会学界定、发起并通报公共辩论……世界需要公共社会学——超越学院,吸引更广泛群众的社会学"。回顾一下社会学的发展史,可以帮助我们理解为何不同的立场会继续成为社会学家争论的焦点。

历史背景:工业革命

19 世纪的许多社会都处于动荡不定的局势中。三次主要革命的到来,从根本上改变了人们的思维方式与行动方式。知识革命使宗教信仰与神的作用降到了最小程度,取而代之的是提倡经验主义与科学。政治革命用法国革命与美国革命的民主制取代了中世纪的贵族统治。工业革命带来了新的工作方式与生活方式。这三场革命使得先前想当然的思维与行动方式变得不起作用。人们不得不发展能够成功应对新世界的方式。

在这三场革命中,对个体日常生活有着最为直接影响的要属工业革命。伴随而来的技术进步,导致农业机械化,并带动城市工厂生产的上升。其结果就是,工作与家庭的组织方式,以及二者之间关系的彻底改变。另外,它还影响到社会生活中的其他领域,而不仅仅是政治领域。

要理解工业化对社会学历史的影响,我们需要知道它是如何改变了人们的工作方式与生活方式的。机械化生产能够代替许多农民的工作,迫使农民离开土地。同样,工业化生产提高了工人的生产率,并在很大程度上取代了家庭手工业。工厂工作将这些转移出来的工人拉入城市。随之而来的城市化,则又改变了家庭和共同体的关系。曾经存在于乡村和农业社会的共同体生活,在城市与工业的环境中无法立足。较之以前,更多的人都跟与自己不同的人生活得更近了。城市地区的关系变得更加表面化与匿名化。社会学家试图补救并帮助人们去应对新的环境。

孔德对科学社会学的贡献

社会学创始人之一、"社会学"一词的创造者孔德(August Comte),是科学方法能应用于人类事务这一思想的早期提倡者,他的目标是在这样做的过程中进行积极的社会变革。这在 19 世纪是一种相当新奇的观念。一段时期以来,哲学家相信科学可以解释自然现象,但科学能够解释人类行为的想法对大多数人而言还是很新鲜的。

中世纪欧洲一直用上帝与超自然的力量来解释世界。后来科学转向以可观察与可测量的事实为基础的经验解释。随着时间推移，经过启蒙运动之后，哲学家接受了关于自然世界的研究，开始根据推理与科学来寻求事情何以发生的答案。社会哲学家也想这样做。

孔德用"实证主义"来说明这一分析方法，他把实证主义看做是与宗教的和哲学的认识方式完全不同的方式，并且是对这两者的一种超越。**实证**主义认为，我们可以通过对某些主张进行经验检验（发现有关它们的"客观"事实），并证明其起作用的因果关系，从而有可能确切地知道这些主张是否正确。实证科学产生了实证的知识，这些知识可以通过经验感知得以评价。

孔德看到了运用科学工具去理解和塑造社会的机会。他的目标是得出与"自然规律"相类似的"社会规律"。这些规律将会以社会的两个基础极点为中心——稳定与变迁。"社会静力学"涉及的是社会的稳定、秩序与和谐问题，其主导问题是：社会是如何以及为何会凝聚在一起并持续下去？"社会动力学"涉及的是社会变迁问题，其主导问题是："什么因素使社会发生变迁"以及"什么因素会影响变迁的性质与方向"。孔德希望，对社会稳定与社会变迁基本规律的认识，能让社会学家设计出一个"美好社会"。

尽管孔德明确致力于社会变革，但也正是他为社会学奠定了以科学为基础的目标，使其成为科学社会学立场的发起人。后人在孔德的科学分析方法中看到了希望，认为社会学家能得出某些关于发生了什么以及为什么会发生的知识。孔德提出的在调查研究的基础上系统地解释社会关系的目标，一直是科学社会学的核心观点。

马蒂诺对改革社会学的贡献

　　另一位社会学的创立者马蒂诺将孔德的著作译成英语，并通过理论和方法的综合，为改革社会学奠定了基础。马蒂诺认为，对"道德"（即我们认为什么是适当的）和"行为方式"（即我们实际所做的）的观察与分析，应该成为社会学研究的中心问题。她将社会批评作为其社会学的核心。

　　马蒂诺对我们所说的与所做的之间的冲突深感兴趣。她写道："社会学的目标是比较美国社会的现存状态与该社会建立时公开宣称所依据的原则，从而通过一种无可置疑而非任意的标准来检验制度、道德与行为方式。"或许，再也没有比她所处的那个时代——当时这个在人权原则基础上建立起来的国家还存在着奴隶制——更为自相矛盾的了。她还对妇女缺乏平等与尊重作了类似的评论。对马蒂诺而言，致力于改革是必须的。

社会学作为一种工具

　　社会学为我们更好地理解个体与社会之间的相互作用提供了工具。其中一种工具就是社会学的想象力，它是社会学视角的基础。由于社会学丰富的传统既包括宏观分析法也包括微观分析法，既包括科学的立场也包括改革的立场，所以我们有可能根据当前的任务，利用种种适当的工具和方法，绘制出一幅更加完整的我们为什么会照我们所想的那样去想及照我们所做的那样去做的图画。

社会学应该是非常重要的，因为社会是非常重要的。社会学可以帮助我们更好地理解日常生活中正在发生着什么以及为什么会发生。当存在多种可能的行动道路时，它可以帮助我们做出更有根据的选择。彼得·伯格认为，社会学可以帮助我们透视事物的表面，揭开假面具，呈现真面目。社会学可以帮助我们深入事物的本质。它可以为我们提供工具，使我们看到一直隐藏在我们背后的东西。社会学同样可以帮助我们澄清我们是否实践了声称要实践的东西，即检验我们宣称的价值与我们行动之间的关系。它可以帮助我们计划未来，包括作为个体与群体的未来，帮助我们把这个世界变成一个更适宜生活的地方。

思考题

1. 怎样用社会学的想象力来改变你对自己今天所做所想的解释？它会引导我们吸收哪些可能被忽视的信息？

2. 考虑一下物质资源、社会资源与文化资源，举例说明在塑造我们的生活机会方面，某一种资源单独所起的作用可能比另外两种的作用更加重要。

3. "社会学是对结成同伴过程的研究"的含义是什么？关注关系与只关注个体有何不同？前者增加了哪些新信息？

4. 社会学提供了哪些我们在其他学科中不会发现的内容？

5. 为什么社会学家越接近科学社会学的立场，就越有可能失去积极主动的立场？

6. 为什么孔德与马蒂诺各自提出了不同的社会学概念？为什么他们的观点影响了他们的行为？

[第三章]
寻求答案

就像我们已经看到的那样，社会学可以帮助我们更好地理解我们为什么会照我们所做所想的那样去做和想。但如何寻求这些问题的答案呢？这便需要做研究。社会学家并非只是坐在那里去猜测人们在做什么和他们为什么这样做，而是尽力与现实世界建立密切关系并尽可能地去理解这个世界。正如我们从社会学定义中所了解到的，社会学是指"系统的研究"。社会学家所做的工作就是通过提出理论和收集资料，来更好地认识人们的行为，并探求其背后的原因。换言之，社会学研究涉及理论和资料之间的对话。

社会学的研究**乐趣**之一是提出问题、寻求答案，而社会学的美**妙**之处则在于其研究范围的极其广泛性，因为它关注研究人类的观念、行为及其相互关系。在从事社会学研究工作的过程中，我总是惊诧于所获得的新知识，无论多与少。有时一些见解非常新奇，可以让我了解我所未知的世界；但大多数时候，我都是对我似曾熟悉的世界获得了新的认识。所获得的新认识又会促成新的问题、新的研究。例如最近我惊奇地发现，我对大学生的生活竟然知之甚少。

根据课程要求，社会学系的学生必须选修一门关于研究方法的课程，他们要独立开展一项调查工作，在研究论文中报告其发现并公布其结果。不久前，我参加了他们的年度小型调查报告会，并听取了一个小组的调查总结，其结果让我大吃一惊。这一小组主要开展了我们学校大学生的痛苦经历调查。他们发现，过去三年里，40%的被调查者有过失去对他们有重要影响的亲朋好友的经历——如爷爷、奶奶、父母、朋友。尽管调查小组从各个方面分析了"痛苦经历"及其影响，但我还是被这一高数据所震动。这一小组还做了相关背景资料的调查研究，他们发现，与以往的研究结果相比，虽然他们的数字稍微有些偏高，但总体上是相一致的。这一发现改变了我对学生的看法，使我开始更多地关注他们课堂之外的生活。我认识到：作为一名教授，虽然与学生们在一起的时间并不少，但我并没有真正认识他们。因此，我希望去更多地认识他们。

为了更好地了解学生们的课外生活，我需要做更有深度的研究。我发现在人类学家内森（Rebekah Nathan）的研究中，她的出发点也是有感于自己对学生生活了解的缺乏。她认为，要想更深入地了解学生，就要让自己成为学生中的一员，即运用合适的研究工具，才能从学生的角度对大学生活有更充分的认识。在其他方面，内森发现：学生的主要价值趋向为"快乐、善于表现、有个性、自由、自主"，他们每周花费大约 12 个小时准备学习课程；每天用于社交和休闲的时间少于 3 个小时（有时课余时间也会被兼职工作大量占用）；大半学生会在晚上 11：30 之前休息，在早上 9：00 之前起床；一些必需的公共活动（如新生的专题研讨会）非常不受欢迎，因为学生们除了参加别无选择；他们课下或在宿舍里几乎从不谈论学术问题；此外，她还发现大学生活确实让学生们改变了很多——这种改变远远超出课堂，他们倾向于将大学看做是进入社会的必经之路。通过扮演学生角色，让自己深入到他们的世界，内森得以亲身感受到他们的欢喜悲乐，并能对他们有更多的同情和理解。

看完内森的研究，我想问我的学生：你们上大学的目标是什么？是正式的还是非正式的、短期的还是长期的？我决定作一个小型调研，以更好地认识他们的目标。学生们的回答非常开放和诚实，这让我很是震惊——在这一点上我与内森深有同感。在这里，我不能对学生们的回答一一作详细列述，但大多数人都说他们"上大学是为了拿到学位，可以找份工作养家糊口"，"为了得到自信"，"找个生活伴侣"，"可以从好成绩中得到乐趣"，"遇到终生的朋友"，"发现自己所长"，"去国外读书"，"毕业后找份自己喜欢的工作"，"改变自己"，"让自己更成熟"，"发展自己，让自己更有个性"，"做一个成功人士"，"努力学习并从中找到自己感兴趣的事"。作为一名大学教授，我通常只关注学生的课堂学习生活，但这对于想要真正了解学生来说远远不够。如果能够更全面地了解学生们的生活，显然会大有助益。我从学生的调研报告、内森的研究与自己的调查中深受启发,开始转换自己的视角,并对学生的所做所想抱有更多的同情。

　　简单来说,如果我们想更深入地理解人们为什么会那样想、那样做,便需要弄明白人们究竟是如何想、如何做的。这就需要去观察他们,问他们问题,参与到他们的生活中去,从他们自身的角度去理解他们的经历。换句话说,就是要做研究。研究可以使我们接触并了解前所未知的事情。当你从调查资料中得到第一个结果时,当你将采访录音转变为文本、从别人的话语中得到新的启发时,当你阅读实地研究笔记、感到我们所获得的资料是多么的丰富与深刻时,你就会觉得非常振奋、有意义。在这些情况及其他情况下,我们会觉得自己的内心豁然开朗,并认识到我们有所收获,找到了需要探讨的重要有趣的事情。作为人类的一员,还有什么能比更全面地认识我们自己及他人更有吸引力的呢?

　　尽管研究工作能给我们带来惊奇的发现,但我发现社会学专业的学生对必修的研究方法课程通常并不太感兴趣。我想部分原因是,他们认为学习常规的原理和程序比较单调乏味,并有不小的难度,相比之下,学生们更愿意学习社会学观点和思想。但实际上,学习研究方法非常必要,因为研究有好坏、合乎伦理与不合伦理之分,因此知道这些不同非常重要。一旦学生开始进行自己的研究,他们常会发现,所掌握的研究程序给他们提供了寻找问题答案的途径——既可以回答我们如何想如何做等,同时又能让他们感受到找寻问题答案的乐趣——其实做研究非常类似于解谜底。

本章我们将会讨论社会学研究的方方面面。正如前面所提到的，研究实际上是"社会学"定义中的"系统探究"部分。我们很难简单地描绘社会学家是如何做研究的，因为社会学家对许多问题仍有争议，如研究如何来做？研究者和研究对象之间有何关系？能否客观地呈现社会学观点？等等。或许描述这类研究基本要素最简单的方式是，它是理论和资料的结合。我们将会集中分析其基本关系和社会学家如何把这两者结合起来。虽然不同的社会学家在研究细节上各不相同，但关键之处却是一样的：找到问题，进行研究。

收集资料：科学研究循环

在进行研究时，社会学家提出的问题往往非常明确，因此，做研究就是收集这些具体变量的资料。在研究工作开始时，我们对于要研究的特定群体或范围有一个大体上的把握是非常重要的，这样我们可以正确地对所发生的事情及其背后原因有一个全面的把握和说明。本章我将以演绎法和归纳法为例，来探析社会学家如何处理理论和资料之间的关系。

当研究者的工作始于特定理论或解释，并通过收集资料来验证这些理论时，他们所用的方法就是**演绎法**。当研究者的工作始于对社会生活的详细描述，并试图发展出一套理论和一般模式来解释所发生的事情及其原因——换句话说，始于观察、继而提出理论时，他们用的就是归**纳法**。尽管这种简单的二分法有助于说明研究者所采用的不同研究方式，但是我们必须明白，在实践中，大部分研究者都会同时用到这两种方法，而且想要区分研究是始于资料还是理论将会非常困难。一个最为稳妥的说法是，这两者相互联系，理论与研究互相作用。

经常运用演绎法的研究者惯于收集**定量资料**，定量资料可用某种数字加以测量，这样研究者可以验证他们的理论。经常运用归纳法的社会学家，则更多地依赖**定性资料**，它是指由被研究对象自己提供关于人们生活经验的资料。定性研究者通常会完全融入资料之中，以便从所研究的人们的角度来理解社会世界。人类学家称这种与研究对象的密切融入为民族志法或"深描"。当然，在实际研究中，倾向于演绎法的研究者可以使用定性资料，倾向于归纳法的研究者也可以使用定量资料。

无论是采用演绎法还是归纳法，无论是运用定量资料还是定性资料，或是二者混用，研究的目的都是为了更全面地理解人们的思维和行为方式。社会学解释可以采用多种形式，包括正式假设、综合性理论，或深入描述。但无论采用哪种形式，研究结果总是取决于仔细的研究与分析。新的资料会导致解释与描述的改进，这反过来也要求我们去收集更新的资料。如在社会学发展早期，韦伯曾这样写道：

> 在科学中，我们每个人都知道：人们所做出的一切都会在未来的十年、二十年或五十年后成为过时的东西。这

是科学的宿命……每一项科学"成就"都会引发新的"问题",它应被"超越"、被"淘汰"。如果你想成为一个科学家,你就要承认这个事实。

表达这种循环往复研究过程的方式之一,就是有人所提出的"科学研究循环"(Wallace,1971)。

科学研究循环
资料来源:Babbie(2004);Wallance(1971)。

理论

理论能反映我们努力描述世界的意图,体现我们去解释现实及探求原因的想法。在社会学中,**理论**旨在解释人们为何会那样想、那样做。有时,理论家也会试图提出普适性和综合性的理论,比如社会学家意欲寻求某些基本的"社会规律"。但在其他情况下,当社会学家具体描述和分析人们的日常生活经验时，他们提出的理论则通常是解释性、有限性、局部性的。理论可简单、可复杂，有些理论甚至是常识性或怪异性的。理论的优劣取决于它在多大程度上被经验资料所证实。

假设

正如前面所提到的，社会学家有时需要验证涉及特定变量的理论。这更多地体现了演绎法的目标，一旦确立这一目标，社会学家就会努力建立可验证的假设，它们明确规定了需要收集的可评估理论的资料。假设通常被描述为"基于一定知识的猜想"，但当社会学家去验证理论时，他们就需要更为具体的假设。**假设**是一个可验证的陈述，它涉及两个或两个以上可观察、可测量变量之间的关系。通常我们都想弄清一事物与另一事物之间是否存在因果关系。例如，我们可以假定人们的教育水平与收入水平之间存在一定关系，当我们掌握了这种关系后，便可以更好地预测他们的收入水平。然后我们就可以收集相关资料来证实这一假设。

收集资料

收集资料既可让我们验证理论（如在演绎法中），同时又可让我们做出描述、解释和提出新理论（如在归纳法中）。社会学收集资料的方法大致可以分为以下五种：

1. **调查法**。调查法是社会学中最常用的研究方法。一般来说，调查法主要由一系列预先确定的问题组成，这些问题以书面形式出现，调查对象对这些问题做出回答，并最终反馈给研究人员。有些问题虽然采用开放式结构，允许被调查者写出自己的答案，但大多数问题的设计都是采用封闭式结构，问题答案以选项的形式被预先限定（如强烈赞同或强烈反对）。当我们对一个关键的想验证性概念具有了基本认识后，我们就常会使用调查法，因此，这一方法与演绎性研究密切相关。调查法常问的问题经常涉及基本的人口统计学数据（年龄、性别、种族／民族、教育状况、收入），行为（你经常做……？），态度（你认为……如何？）。

2. **参与观察**，又叫实地研究。在这一方法中，资料来源于研究对象自身活生生的体验，这主要是通过研究者对研究对象日常生活的主动参与来实现的。参与观察方法所获得的资料大多是定性的（当然也可能包括定量资料），是研究者对所看所感的详细描述。这一研究方法的优点之一便是，它可以让研究者切身感受到研究对象的真实世界，同时可以让研究对象充分表达他们的思想及所关注的事物，而不必拘泥于一些预先设定的问题，因为这些问题并不一定符合他们的想法和行动。这一方法可以让我们对关键性概念有一个更为清醒的认识，因此更适合于归纳性的自下而上的研究。

3. **访谈法**。访谈法介于调查法和参与观察法之间。由于访谈涉及研究者和研究对象之间的直接接触，所以它可以融汇以上两者的优点。访谈问题既可以是封闭性的、直接的，跟调查法的问题类似；也可以是开放性的，从而使被访者更能充分表达自己的想法。访谈法可使被访者更自由地表现自己，而不受像调查中书面选项的限制。另外，访谈法也使调查者拥有了询问附加性、深究性问题的机会，从而可以更好地理解被访对象的意思。当然，访谈法也有自己的弱点，如跟调查法相比，花费的时间与资源更多；跟参与观察法相比，其深度则显得不够。

4. **实验法**。实验法的优点是，通过设立两组或两组以上的群体，使他们受到某种控制或处理，可以验证因果关系：如果对这些人产生刺激，他们会有什么反应。在经典的社会科学实验中，所有群体的特征都相同，不同的只是实验变量，因此实验变量被视为引起不同反应的根源。但是，实验法也存在各种问题：首先，接受实验的人员，其行为在受控条件下和自然条件下往往有很大差别。其次，接受实验的人的行为涉及伦理上的问题，因此，研究人员必须事先向实验对象详细说明实验所带来的益处远远超过损失。

5. **二手资料分析法**。有时研究人员无法直接接触研究对象，只能依靠现有资料。对已有档案、记录、物品及数据库的分析，既可以是定性的，也可以是定量的。

概化

概化是指从资料到理论的过程。无论我们所收集的是定性资料还是定量资料，它们都无法解释自身。它们必须得到社会学的解释。社会学家主要是依靠详细描述和提出理论来做出解释，目的是对收集到的资料做出合情合理的解释，使人们明白其中的奥秘。在这一过程中，研究者试图向人们表明：他们所观察的东西并不仅仅是一个有趣的故事，其意义也不限于研究对象，相反，它们对于更好地理解和解释人们的思想和行为方式具有更为普遍的意义。在概括研究结果时，资料的**信度**和**效度**这两个概念尤为重要。如果对资料进行反复测量，所得结果一致，那么资料便是有信度的；如果资料表达了按我们的设想所要表现或测量的内容，那么资料便是有效度的。

有许多方式可以确保研究结果具有概括性。一种方式是**随机抽样**，做调查的社会学家为了提高其所研究人群的相似性，选取某些个体为样本加以研究，用样本代表总体（如，从名单中每隔30人抽取一名）。另一种保证研究结果具有可概括性的方法是**深度个案研究法**，通过保证所做描述具有足够深度，来说明资料是有效的。另外，研究结果还需要接受公开的评论和批评，选择同领域中具有丰富专业知识的人士对结果进行评判。研究结果的公开化可以采用多种形式，如发表在本领域的专业刊物上、出书、作会议报告、作公开演讲、刊登在杂志上，以及其他一些正式或非正式的公开表现形式。

在从资料上升到理论的过程中，如果需要的话，社会学家会用研究结果去修正已有的理论和模型。正如前面所提到的，伴随这一研究过程而来的必然结果是，提出新问题。我们会找出理论中需要分析的其他因素，或是尝试采用其他资料收集方法，或是仅仅有了更多需要回答的问题。研究往往会导致新的研究。

社会学研究中的经典案例：涂尔干和杜波依斯

研究有助于我们更好地理解人们的思想和行为方式，为了更明确地认识这一点，我们将以两位早期社会学家的工作为例来加以说明。第一个例子来自涂尔干，他的研究更多地运用了演绎法。第二个来自于杜波依斯，他的研究更具有归纳法特征。

涂尔干论自杀

法国社会学家涂尔干想要证明"**社会事实**"——或者说影响个体行动的外部社会力量——的存在。他通过证明社会学可以运用科学演绎法获得研究结果，试图将社会学确立为一门合法的学科。当时，大学里还没有设置社会学系，也没有社会学的学术席位。但涂尔干认为，社会学在学术界应该占有一席之地，而他则有责任去实现这一目标，因而他开始进行自杀研究，并以此来证明社会学的合法科学性。

自杀与社会整合：涂尔干的开创性研究

当乔治·贝利在《美好人生》中想跳河自杀时，或当莎士比亚在《哈姆雷特》中借哈姆雷特之口说出"活着还是死去，这是一个大问题"时，我们通常都会将自杀看做一种个人选择行为。这也正是涂尔干为什么会选择研究自杀这一现象的原因所在。涂尔干感觉到，如果他能证明社会力量能够影响像自杀这样的极端个人选择的行为，那么它们也必然会塑造我们日常生活中的选择行为。证明自杀具有社会根源，可以表明社会学可以做出独特的贡献，因而它应被看做是一个独立学科。

涂尔干基本理论的最简单表述方式就是：社会塑造个人。虽然从现代人（对社会学家来说更是如此）的角度来看，这一观点似乎显而易见，但在涂尔干所处的年代，要确立这一观点却并非易事。因为依据当时的正统观点，决定人的行为的，要么是神，要么是生理机能，要么是个人的思想或精神。为给社会学争取一个合法的学科地位，涂尔干提出，各种外部因素影响着人类行动，而那些外部因素本身便是人类社会的组成部分。

在从理论到假设这一环节中，涂尔干将抽象概念转化为具体假设。他将自己的理论精炼为一个基本假设——社会整合影响个人选择，换句话说，社会关联度或融入社会的程度影响着社会机会对个人的开放或封闭程度。相比其原初理论，这个假设更为具体，但验证起来还是比较困难。

下一步便是将假设可操作化。涂尔干将自杀作为测量个人选择的指标，其假设便成为："自杀与个人所处的社会群体的整合度呈反向变化"。也就是说，个人所属社会群体的整合度越高，自杀率越低。虽然自杀非常容易测量，但是社会整合度的测量依然具有难度。社会整合度的操作化有很多方式，涂尔干在其研究中主要运用了个体的宗教归属这一指标。这样就提出了一个更具验证性的假设：了解了各宗教派别的归属程度，我们就能预测自杀的可能性。

以宗教归属作为社会整合度的指标,涂尔干比较了罗马天主教与新教派。他认为罗马天主教的社会整合度较新教高,因为在他看来,天主教坚持传统信仰,具有严格的权威等级体系,任何对教义的违背(如生育控制、堕胎、神父修女的婚配)都是无法容忍的。反观新教教义,它将《圣经》的解释权赋予个人——那些被选中的教义阐释者——他们会根据自己的理解去解释《圣经》。这就使得新教分裂为许多不同的教派,如浸礼会、循道宗、改良派、圣公会、长老会,以及其他一些教派或非教派。尽管天主教也有不同的教派,各派的目的也都各不相同,但它们却都统一于罗马天主教派名义之下。因此,在涂尔干看来,天主教徒的凝聚力更强(无论是观念还是行为),相比新教徒,其社会整合度也更高。因此,他预测新教徒的自杀率要高于天主教徒。

科学研究循环的下一环节是资料收集,目的是验证假设。为了便于比较,涂尔干将资料收集区域进行区分,一部分是天主教控制的国家或地区,另一部分则是新教占主导地位的国家或地区。经过对所收集资料的分析,他发现新教区的自杀率确实高于天主教区。

收集到资料以后,下一步就是概化。涂尔干首先需要评价所用资料的有效性,即它们是否具有对整个研究群体的代表性,而非仅仅是符合所研究的情况。但是,涂尔干运用资料的类型引起了人们的质疑:他主要采用群体资料分析技术(国家或地区的自杀率)去对个体行动(自杀)下结论,这种分析现在已经不再被认为是有效的。尽管如此,此后基于个体层面的资料所做的分析,还是支持了涂尔干的结论。基于自己的资料，涂尔干证明了自己假设的正确性。因此，通过资料的概化过程，他也就可以将自己的观点上升到理论高度，即社会力量的确影响着个人行动。

涂尔干还进一步完善了自己的理论。他提出：一个人跟他人的关联和融合越少，他们就越不考虑其行动对他人的影响。在更个人主义的社会背景下，社会力量的控制力较弱，其对个人行动的影响力（或积极或消极）非常有限。对此涂尔干作了这样的解释：

> 当一个社会高度整合时，它便将社会成员置于自己的控制之下，阻止他们按自己的意愿行事。因而，社会也不容许人们以死来逃避自己的责任。但是，如果社会成员拒绝接受社会控制的合法性，那么社会如何体现其优势呢？如果社会成员想逃脱掉，那么社会也就不再拥有必要的权威可以让他们去尽他们的责任；或当社会意识到自身的弱点时，社会甚至会承认他们有权去自由地做以前不允许做的事。在这种情况下，社会成员便成为自己命运的主人，结束自己的生命也就成了自己的特权。

较弱的社会整合度会导致个人主义的增长。涂尔干认为，极端的个人主义是对社会秩序的一种威胁。人类总是从与他人的关系中寻找自己的意义，单独的个人并不是其自身意义的充分来源。为了说明社会依存度对于个人的重要意义，涂尔干这样写道："孤立的个人并不是其活动的充分目的，因为个人实在是太渺小了……因此，当我们除了自己而无其他目标的话，不可避免地，我们的一切努力皆归于无意义……在这种情况下，人们会失去活着的勇气，也即丧失了行动和拼搏的勇气。"人类，从根本上说是社会动物，我们不能将个人意义与个人在社会中的地位割裂开来。涂尔干希望社会学所做的，便是从社会角度来探求、阐述与解释个人行为的意义。

至此，涂尔干关于社会力量存在和影响的理论已经形成：社会是一个实体，它外在于个体的存在，并拥有无异于物质世界的真实力量。在谈到所运用的科学方法的重要性时，涂尔干指出，"如果仅停留在个体层面，观察者便无法捕捉现象背后的原因，因为它是处于个人之外的。要想发现它，便需将视角超越单个的自杀现象，去探究背后的社会原因，亦即社会整合度。"最后，涂尔干总结说，他的理论预想是正确的——社会塑造个人行动。

研究与社会学想象力：自杀研究的新进展

涂尔干之所以在社会学中占据举足轻重的地位，主要源于他确立了社会与个体之间的关系。然而，社会学研究者也可以通过"科学研究循环"另一个方向的循环来评价理论，以说明其能否成立。而且社会学家也确实是这么做的，他们不断地验证关于社会整合的一些新指标，不断地用更新的资料来验证涂尔干理论的有效性。

当代研究者已收集到一些关于美国 1999 年自杀率的新资料，他们发现：美国各州的自杀率差别很大，其中最高的为内华达（每 10

万人有 22.3 人自杀）和怀俄明（每 10 万人有 20.4 人自杀），最低的为纽约州（每 10 万人有 6.6 人自杀）和新泽西州（每 10 万人有 6.9 人自杀）。

运用涂尔干的社会整合理论，我们可从研究者提供的数据中提出以下问题：

- 按性别分析，为什么男性自杀率远高于女性？是不是女性社会整合度更高？男性与女性社会网络的不同之处是什么？
- 按种族/民族分析，为什么白人自杀率较黑人、西班牙裔人高很多？不同族群的社区在性质上有什么不同？
- 按地理区域分析，为什么美国西部的自杀率远高于东北部？是西部的社会整合度较低吗？如果真是这样，为什么？这是否与移民方式、城市布局乃至更重要的邻里关系有关？
- 按年龄分析，老年人的高自杀率是否应归因于以下因素：随着年龄增长，他们无法从社会支持网中获得帮助，或是他们越来越被社会所孤立？

要找到每组问题的答案，需要社会学家开展更多的研究。

让我们再来看一下其他因素，它们可以作为验证社会整合度的具体指标，从中可以发现自杀率变化的不同方式。

- 相比单身人士（从未结过婚）、分居者、离异者或丧偶者，已婚人士更少自杀；相比已婚人士，离异人士的自杀率是其 2.9 倍，丧偶者是其 2.8 倍，单身人士是其 1.9 倍。
- 父母的存在与否对自杀也有影响：有父母特别是有母亲者的自杀率低于无父母者。
- 孩子的数量与自杀也有关系：孩子较多者的自杀率低于孩子较少者。
- 从宗教方面说，新教徒的自杀率高于天主教徒。
- 经济地位也会影响自杀率的高低：收入分层顶端和底端的人的自杀率高于中层者。比如，医生和牙医具有较高的自杀率，手工劳动者的自杀率也较高。

运用涂尔干的社会整合理论来解释以上现象，便不会觉得有什么奇怪的。但我们必须注意一点：我们不能只看单一因素，如年龄或经济地位，因为在现实生活中，大多数问题都是复合了多种因素。为了更全面地认识社会因素对自杀的影响，我们需要综合考虑各种因素，如婚姻状况、性别、种族、社会经济地位。研究发现，离婚男士的自杀倾向高于离婚女士。

正如涂尔干所希望的，他关于自杀现象的研究帮助确立了社会学的合法地位。我们通常认为，自杀是由于个人抑郁或疯狂所致，因此在寻找解决方案时往往只是关注个人层面问题，但是作为社会学家，我们应该寻找产生抑郁的可能的社会原因，而不是仅限于个体层面。比如，失业者比在业人员更易自杀，当我们解释这种现象时，便不能仅仅将其归因于个体心理状况，而应寻找外部的各种社会因素，如失业者失去了与前工友的联系。与之相似，那些有过离异经历的人往往会失去以前的朋友，因为他们总是要在离异双方之间倒向一边。根据涂尔干的理论，解释自杀率的各种差异时，要从社会整合度方面作分析。

杜波依斯关于种族的研究

涂尔干关于自杀的研究证明了，运用社会学演绎性方法可以提出关于人类社会新的、有价值的观点，而杜波依斯则向我们说明了研究也可以是归纳性的，它来自实地研究。杜波依斯的研究方法具有更多的解释性特征，他鼓励社会学家去倾听自然情景下被研究者的声音。这种研究主张，正是个人构建了他们自己的世界——个人用他们自己的方式去解释外部世界或理解它，社会学家的任务就是探究人们是如何做到这一点的。在研究过程中，社会学家应该亲自参与到研究对象的生活中，通过亲自参与与他们建立起一定的关系，而非仅仅是抱着一种超然的态度站在一旁观察，只有这样，才能更好地理解和解释他们的思想与行动。

在早期关于种族差异性意义的研究中，可能没有人比杜波依斯更著名了。杜波依斯非常关注非裔美国人的声音,他们处于美国社会的边缘,缺少权力与资源。杜依波斯出生于马萨诸塞州的大巴灵顿,1896 年,他成为第一个获得哈佛大学博士学位的非裔美国人。杜波依斯的研究,在很长一段时间一直被主流的、偏爱宏大理论的学院派社会学家所忽视,后者倡导寻求和分析社会普遍规律。与之相反,杜波依斯则将自己的注意力集中在以下几个方面:个人与群体互动的社会史、指出有关这类互动各种解释的潜在矛盾、分析社会权力。

杜波依斯指出,非裔美国人的经历和视角与美国白人有很大不同,这种差别使他们对美国社会有着更为深刻的认识,同时也提供了重要的启示。"我们,黑人,"他写道,"能够用与美国白人不同的方式去认识社会,因此,可以更好地审视当前国家的目标与观念是否让人满意。"通过认真回味他者的声音,我们可以更好地理解我们的世界,更好地评价我们自身。杜波依斯将目光集中于非裔美国人的生活,为的是能引起其他人(特别是白人)的关注与接受。

要想成功地对非裔美国人进行社会学研究,需要亲身体验他们的生活。在这方面,仅用演绎性或理论验证性方法显然不够,因为这种方法过多地依赖研究者本人的先入之见。进一步说,研究者不能仅仅是杜波依斯所形容的"坐在车窗里面进行研究的社会学家",不能奢望"利用度假休闲的游玩时光就能轻松地解释清楚几个世纪的难题"。杜波依斯曾这样简要地描述了其变革性立场的社会学所要达到的目标:"直到今天,我们从未真诚地、仔细地关注过美国黑人的生活状态。我们会很随意地认为我们一切都明白了,或者我们头脑中早已有了看法，我们不愿因事实而有所改变。但实际上，我们对美国黑人的了解——他们的日常所做所想，他们的快乐与忧愁，他们生活的黑暗面，以及犯罪缘由——实在是太少了。我们只有与他们亲密接触才能了解这一切。"

杜波依斯的《费城黑人》是第一本关于美国城市黑人的社会学专著。在这本书中，杜波依斯用参与方法对美国城市黑人的生活进行了描述，综合运用了定性资料和定量资料。他认为，美国城市黑人的观念和行动，受到他们所处社会结构地位的影响。比如，他写道，犯罪"并不是单个的社会现象，相反，它不过是众多不良社会状况的体现"。杜波依斯认为，要想了解美国黑人的犯罪行为，社会学家便必须研究影响犯罪率高低的社会环境，而不仅仅是将视野局限于单个的犯罪案例。杜波依斯试图通过自己的不断努力，让人们更多地关注美国黑人这一长期被忽视的群体，并运用他们的洞见更好地去了解整个社会。他所使用的三个概念：肤色界限、二重性和面纱，可以体现出我们能从中学到的东西。

肤色界限

在《黑人的灵魂》一书中，杜波依斯认为，黑人与白人之间有明确的区分，他称之为"**肤色界限**"。他发现，"美国存在两个分割的世界，这种分割不仅存在于社会交往中的上层，同时还存在于教堂、学校、铁路、街车、酒店、剧院、城道、城区、书籍、报纸、避难所、监狱、医院以及墓地"。这种身体肤色的分割，导致他们对现实的不同认识。杜波依斯提出:"如果你仔细观察就会发现,尽管两个世界会存在各种身体接触和日常交往,但像共享的智力生活、思想和观念的直接交流、情感上的相互同情这些层面的交流却几乎没有。"换句话说,即使他们有直接交往,他们仍然生活在两个世界。

由于这种割离,美国黑人不能充分获得有价值的公共资源。美国白人也同样受到肤色界限的限制,因而双方面对社会压力谁都不敢越雷池一步,"无论是白人还是黑人,他们都受到肤色界限的制约,一些新的设想——如促进两个世界的友谊、博爱、广泛的理解与支持——总是胎死腹中,这主要是因为,那些爱管闲事的人总是将肤色标准推到前台,用成文的条条框框对抗这些设想的提出者"。

二重性

与肤色界限相关的这种割离,激发杜波依斯在研究中提出了另一个概念——"二重性"。白人尽可以忽视民族差异性,因为他们是社会的强势群体,但是黑人却无法做到这一点。因为他们生活在一个"黑""白"分明的世界,他们不得不树立杜波依斯所称的"二重性"思想,或"双重意识":"黑人就像第七个孩子,生来便被遮住眼睛,被美国社会'另眼相看'。在那个社会里,他们没有真正的自我意识,只能从别人的眼里看到自己。这是一种特别的感受,正如要用别人的眼光来看待自己,这种双重意识是用别人蔑视与可怜的目光去衡量自己的灵魂。我们可以试想一下这种'二重性':是美国人,但却是美国黑人;两种灵魂、两套思想、两种不可融合的奋斗方式、两种相互冲突的观念集于一身。他们对自己被割裂的状况无能为力。"

二重性会导致相互矛盾的生活经历:"这样一种双重生活、双重思想、双重责任和双重社会阶级,必然会形成双重话语和双重观念。"从社会学意义上讲,我们可以从双重意识中找寻出与主流观点不同的看法。

面纱

通过对以上两个概念的阐释,杜波依斯认为,在美国黑人与白人之间存在着一层将两者区隔开来的**面纱**。虽然并不是每个人都能认识到这层"面纱"的存在,但这并不影响其效力的发挥。"当然,它是一种想象的东西,是微妙的、无形的",杜波依斯写道,"但它又的的确确存在着,不仅极其真实,而且非常可怕。"

杜波依斯选用"面纱"而不是像"墙"这样的概念,主要是因为墙是一种实体,不可穿越,且其存在对所有人来说都是显而易见。而面纱则是可以进行透视的,人们可以忘记甚至注意不到它的存在。杜波依斯的观点是,我们的认识会因面纱而扭曲,对此我们甚至可能根本意识不到。

杜波依斯试图掀开存在于黑人与白人之间的这层面纱,从而更为全面地认识真实的世界。他通过其社会学研究,运用归纳法提出了其观点。他通过对邻里生活和社区参与收集到的资料,发展出了自己关于种族的洞见和理论。他的目标是让我们意识到种族间各种无形障碍的存在,特别是对那些能够获得经济资源、社会资源、文化资源的社会优势群体而言。杜波依斯并没有将自己的工作停留在描述和意识层面，更多的时候他都是站在改革者立场，尽力促进积极的社会变革。

社会地位的重要意义

虽然从方法论和理论基础上看，涂尔干和杜波依斯的社会学研究有很大不同，但他们的结论却是异曲同工——社会地位决定着个人的态度、观念和行动。就涂尔干的理论而言，其关键概念是社会整合，而我们的人口统计学特征则指明了我们相互依存的重要性。涂尔干帮助人们认识到社会事实的存在，以及社会学研究的重要性。就杜波依斯的理论来看，与"面纱"有关的社会地位，或者说你在肤色界限的哪一侧，会直接影响你对社会上有价值资源的获得。尽管美国白人可能不会注意到种族的重要性，但其他人却无法回避这一现实。杜波依斯的研究帮助我们认识到：相比社会强势群体，较少获得社会资源的弱势群体拥有不同的观念、行为和机会。

社会事实与批判说明

无论是定性研究还是定量研究，无论是演绎法还是归纳法，它们都是社会学的基本方法，每一种研究方法都可以帮助我们更好地认识人类的思维和行为方式。在实际研究过程中，为了更精确、更完整地描述所发生的事情并解释其原因，社会学家可能会同时应用几种不同的研究方法。

  研究是形成社会学观点的基础，它提供了社会学知识所必需的资料。但是，社会学并非仅仅停留在资料层面，因为资料无法解释自身，这便需要理论。理论代表着我们理解、解释研究结果的努力。接下来五章我们将分析社会学中的主要理论贡献。首先我们会关注"社会学三巨头"（涂尔干、马克思和韦伯）的经典研究工作，他们提供了社会学研究所必需的思想、概念和模式，可以让我们更好地理解人们的思想和行为方式。然后我们将转向两个主要的理论方法：现实的社会建构和后现代生活中意义的变化性，这是许多当代社会学家关注的理论问题。

思考题

1. 就像学校老师对学生的生活进行过研究一样,如果将角色对换,由学生来研究学校老师的生活,情况会如何?你认为学生可以从这项研究中学到什么?如果由你来判定他们的研究工作是否准确,你会怎样去做?

2. 如何理解研究过程是理论与资料的对话?

3. 为什么有些研究适用调查法,有些研究则更适合参与观察?哪些因素会影响这种选择?

4. 涂尔干和杜波依斯的研究方法有何不同?如果采用涂尔干关于自杀的研究方法来研究种族问题,将会怎样?反之,如果采用杜波依斯关于种族的研究方法来研究自杀问题,结果又会怎样?

第二部分

社会学的大观念

[第四章]
汉堡是一个奇迹

　　工业革命给社会生活和个人生活都带来了巨大的震荡。到19世纪中叶，此前影响我们数代人的思维和行动方式似乎中断了。新的发明意味着越来越少的人继续从事农业生产，城市中快速增长的可以进行大规模生产的工厂，为人们提供了新的工作机会。人们从周围都是熟人的农业社区和家庭作坊中脱离出来，走向在城市中心建立的工厂，跟陌生人一起做着受限制的工作。一方面，工业革命代表了进步和希望；另一方面，它也代表了混乱和失望。套用英国小说家狄更斯《双城记》中的话来说就是：

　　　　那是最美好的时代，那是最糟糕的时代；那是智慧的年头，那是愚昧的年头；那是信仰的时期，那是怀疑的时期；那是光明的季节，那是黑暗的季节；那是希望的春天，那是失望的冬天；我们拥有一切，我们一无所有；我们全都在直奔天堂，我们全都在直奔相反的方向。

几年过后，这种不安的感觉并没有消失。随着工业化和城市化的推进，人们在生活模式和生活节奏方面的转变持续了数十年。"一战"刚刚结束不久，爱尔兰诗人叶芝就在诗中叹息道："事物土崩瓦解；中心不复存在；只有混乱，弥漫整个世界。"

早期的社会学家想要把握这种从传统到现代、从农村到城市、从农业到工业的转型。他们试图解释发生了什么，并希望对"美好社会"提供指导。

涂尔干关于社会整合的观点

涂尔干相信：找到社会的核心部分，将会使得解释它们如何和为什么变迁不已成为可能。1858年4月15日，涂尔干出生于法国，在一个传统的犹太人家庭长大。一开始，他本想继承他父亲和祖父的职业，成为一名拉比（教师、智者），然而当他慢慢长大之后，他脱离了他的传统的宗教共同体及其信仰，转而走向大学和巴黎的现代科学共同体。他的这种转变，发生在思想、政治和经济出现大混乱的背景下。

思想上，启蒙运动的影响不断提升个人运用理性战胜教会、皇帝和共同体等传统权威的能力。这有助于提高科学作为一种认知方式的力量，从而进一步削弱了教会的权威。政治上，涂尔干生活在一个从国王、王后和帝王统治转变成人民统治的变革时代。1776年的美国革命和1789年的法国革命在这个变革时代具有重大的里程碑意义，但是法国一直在"共和制"（法国革命的传统）与君主制和像拿破仑等人统治的帝制之间徘徊往复。经济上，法国也受到了工业革命的全面影响。伴随着城市化程度的不断提高，工作从农业转移到工业生产。这意味着人们在工作场所以及在传统的共同体内使用的习以为常的技能，不再能发挥其原有的作用。涂尔干认为，社会学家去解释这些变革并为积极的社会变革提供工具，是非常重要的。

在这些变革的背景下，涂尔干把社会学作为一门合法的学科建立了起来。在涂尔干之前，既没有社会学的职位，也没有社会学家，在他之后，这两者都迅速发展起来。这里面当然也有其他许多人的努力，但至少在法国主要是涂尔干的努力。涂尔干于1917年11月15日逝世，享年59岁。

为了理解涂尔干分析的核心观点，我们将关注以下三个概念：

- **集体意识**：即一个群体共享的一套观念、信仰和价值。涂尔干把集体意识描述为"一个社会的普通成员所共有的全部信仰和情感，它形成了一个具有自己生命的固定体系"。它是一种集体的思想。涂尔干认为，集体意识在人们分享共同的经验和知识的传统社会中，比在经验和知识上存有显著差异的现代社会中表现得要更为强烈。

- **劳动分工**：即生产的专门化程度。它确定了生产过程在何种程度上被分解成不同的部分，包括工作的专业化程度。工业革命之前，工人们，特别是手工劳动者，更可能参与一个产品生产从开始到结束的各个阶段。工业革命之后，工人们只是专做产品生产的一个方面，这样一来，产品也就成了由一连串工人所完成的自己那部分组合而成的结果。

- **社会团结**：即社会各部分相互联系和稳定的程度。涂尔干提出传统社会以**机械团结**为特征，社会的凝聚力基于稳定性或共同性，其中事物只是在有限的变化范围内发挥作用。换言之，社会像一台机器一样运转，类似的人按照他们固有的方式做着同样的事情，这种稳定性导致一种统一的意识。现代社会以**有机团结**为特征，社会的凝聚力是基于差异性和相互依赖性，其中社会变革是一种常态。换言之，社会犹如一个活的有机体一样在运转，不同的人做着不同的事情，但仍能认识到他们需要他人，社会伴随着创新的发生不断成长和变迁。

在传统社会（通常以机械团结为特征），集体意识强烈，劳动分工微乎其微。生活其中的人们，在其日常生活中深深地扎根于他们的当地共同体中，因为他们缺乏我们今天常见的交通和通信选择。因

第四章 汉堡是一个奇迹

此,他们可以接触到的思维和行动的选择方式是有限的。知识和技术被集体所共享,在一个人与另一个人之间并没有多大差别。在这种非常孤立的共同体内,只存在极低的独立于群体的自我意识和自我思考,并且很少有变革发生。人们按照事情"总是"那样做的方式去做。其结果就是形成了一个相对稳定的对整体结构仅有最低破坏性的社会。

另一方面,我们大多数人则都生活在以有机团结为特征的现代社会中。在这类社会中,集体意识微弱,劳动分工高度发展。有关劳动分工的一个典型例子就是汽车装配线。只要每个人都完成自己的工作,并且处于每个岗位的人都完成自己份内的工作,在装配线最后一个环节上就会出现一辆崭新的汽车,这与一个典型的传统手工艺人从头到尾制作产品形成了鲜明对比。这种集体意识的弱化与高度的劳动分工有直接关系。许多人做着许多不同的事情。这种共同经验的缺乏,导致社会成员在看待世界以及自己所处地位方面存在或多或少或深或浅的差异。例如,装配线工人认识世界的方式,很可能不同于经理或管理人员的认知方式。

从根本上来说,在现代社会,由传统社会形成的整合如一的世界,已被由多元社会组成的许多个世界所取代。因为只有有限的共享经验,人们很难形成一种统一的信念或共享的价值观。个人更少受到集体意识的约束,从而也使得个人可以更加自由地去走他们自己的路。因此,在现代社会,我们必须通过外在的法律形式来强化秩序。同时,这种强烈的集体意识的缺失,也为更多的个人创新和实验打开了大门。结果就是形成了一种更强烈的个人主义,并为社会变革提供了更大的可能性。

伴随现代社会的危险在于:个人主义有可能变得如此极端,以至于将不再有任何意义上的共同体,既不会有集体意识,也不会有相互责任感。如果涂尔干是正确的,集体意识必然会由于劳动分工的扩大而减弱。在极端情况下,其结果将是无政府状态或**失范**——涂尔干把它描述为指导人们行为的准则、社会法规以及规范的崩溃,从而导致缺乏有效的社会秩序。

但这是否就意味着我们不能避免混乱呢?难道我们注定要发展出一种极端个人主义和自私自利的文化吗?按照其有机团结的观念,涂尔干认为,现代社会将会发展出解决这种社会问题的方法:只有通过相互依靠,才能使现代世界的生活变为可能。正如吉尔曼所说的那样:"一个人的生活必需品,是由无数其他人的共同劳动所提供的。离开了其他人,这个人不能自己提供自己任何东西;就算他能活下去,也会下降到原始狩猎人的水平。"换言之,经济上的相互依赖性,是现代社会团结的一个重要因素。

汉堡是一个奇迹:相互依赖性

我们往往会理所当然地认为,想要满足我们自己的需要十分容易,但你是否设想过,你能否在不依赖来自他人的任何知识、技术或工具的情况下去制作一个汉堡?实际上,如果没有一个相互依赖的人们在其中执行无数小任务的网络,我们很难提供给自己一个像汉堡包那么简单的东西。正如我们将要分析的,之所以说汉堡是一个奇迹,正是因为它所代表的含义。它是一个我们共享集体知识和技能的社会的象征。

你能轻而易举地做出一个汉堡包吗?我们先来考虑那些配料,它们看起来非常简单,对吧?有很多你可以着手做的方式。让我们从汉堡牛肉式的鱼松饼开始吧。首先,你需要去找一头奶牛。你可能会说了:这有什么难的!不过,你不能从一个农民那里去买,因为如果你这样做就意味着你依靠了其他人的资源。同理,你也不能跑到农村(去那儿本身可能也有一些需要解决的问题)从一个农场里偷走一头牛(这意味着有一个农民,从而也就意味着你依赖了他人)。所以,你需要找到一头野奶牛。

假设你找到了一头野奶牛,这时你必须去抓住并杀死它(听起来似乎并不难,但你要记住,它们不是你平常家养的宠物而是野生的牲畜!)。假设野牛并不是真的那么野,或许你可以试着用一块大石头猛砸它或者让它惊跑掉落悬崖。如果你成功了(不要低估一头牛的智商或是以为它会自愿跌落悬崖),那么现在你就得到了一头死的野牛。

下面你需要去加工这头牛。牛皮很坚韧,所以你需要什么样的工具呢?假设你需要去制作一把金属刀(需要找到矿、冶炼、锻造、淬火等等)。或许一块坚硬的石头也可以。

假定你成功地制作了一种切割的工具,那么现在你就有了一块没有加工过的牛肉。考虑到我们下面要做的汉堡（虽然你可能想去把它做成牛排），接下来你需要去磨碎这块牛肉。你可能需要一些石头把这块牛肉碾成肉泥。最后你就有了一些生的汉堡包馅。

接下来你需要去煮熟它。你会怎么做呢？你从哪儿生火？（在人类早期历史记录中，火常被描述成一个重大突破。）或许你可以怀着获取火花的希望而试着摩擦两块石头。如果你被允许从外界得到帮助的话，你可以参考电影《荒岛余生》中的男主角是怎样做到的——但你并不是他。大概最容易的就是等闪电击中就近的一棵树。在你得到火种以后，你还需要煮熟这些肉。煎锅不是随手可以得到的，所以你还得自己做一个，或者在你刚才用来杀死野牛的那块石头上把它煮熟。或者用你做的刀子（或是用一块"锋利"的石头？）削下树枝，你可以把牛肉穿到上面，然后在火上烤肉。

假定你成功了，那么你现在就有了准备好的汉堡包馅。但这仍然不够。你还需要一个圆面包。即使就一个简单的面包配方来说，你也需要面粉、水、盐、油、糖和酵母。可能你足够幸运，刚好是在一块麦田里发现你的野奶牛的。简单来说，你必须收割麦子，从麦壳中扬出麦仁，然后把这些麦子磨成面粉（可能是用你那块用来磨肉的石头）。接下来就是水。可能这头牛正在靠近湖的麦田里吃东西，或者你未雨绸缪提前收集了给你火种的那场暴风雨中的雨水。至于盐，可能这块麦田靠近大海，或者你在磨肉的时候出汗了。最直接和最容易获得油的办法就是从牛的脂肪里取得。但这些你是从哪里知道的呢？糖呢？我不知道。酵母？我也没办法。假设你能获得所有配料，你还需要用一个恰当的比例把它们混到一起，并烤成一个圆面包。希望你把火种一直点着，虽然我不敢肯定在树枝上烤生面团将会怎样。或许你可以制作一个石头烤箱。

现在你有了一个圆面包和做好了的牛肉馅。但是作料和奶酪呢？试想一下自己去做番茄酱、芥末、泡菜和洋葱，那会是什么样子呢？至于奶酪，你已经杀死了这头牛！我希望你能记着先去挤牛奶。

现在你必须去做的就是把所有的配料放在一起，这样你就可以做成一个汉堡包了。但别着急，我们先来考虑一下跟你做汉堡有关的所有事情。做一些事情，看上去非常简单，我们往往会认为这有什么难的叫我来做还不手到擒来，或是认为我们能够以不到1美元的价格随便在哪家麦当劳店里买到一个，但其过程实际上却是相当复杂的。获得所有配料的知识和技能，超出了大多数人所掌握的范围。然而当我们吃汉堡的时候，我们却往往什么也没去想。

说汉堡是一个奇迹，并不是说它有超自然的奇迹，而是指一种象征，它表明了人类相互依赖的极其复杂性和看似自然性，也表明了我们甚至没有认识到的共同分享的知识的重要性。当然，不仅汉堡包是这样，我们使用的其他任何产品也都是这样。它可以是一个蔬菜汉堡、一本书、一张桌子、一件衣服、一辆车、一个体育馆或者是一台电脑。看一下你周围，并试着去想象由你自己来制作我们人类所制作的一切东西。这些东西所代表的知识和技能非常重要。值得庆幸的是：我们的相互依存，意味着我们不需要依赖我们自己对生存的领悟。

传统社会中的社会整合——门诺人

虽然我们常常缺乏我们生存所必需的基本技能,但有一些生活在传统社会的人却具备更全面的知识。门诺人共同体的组织方式,为那些生活在现代社会中的人们提供了一个重要启示。门诺人碰巧生活在一个相对孤立的、以宗教为基础的共同体,这限制了他们与外部社会的接触。门诺人的典型形象就是一对夫妻穿着朴素的衣服——男的戴着草帽,女的裹着头巾——乘坐着一辆马车。因为他们选择了不去开汽车或者使用电力,我们猜想他们是落后的技术恐惧者。不过更微妙的分析表明,他们做出的是一个非常理性的选择,他们恰当地衡量了技术进步对于社会、家庭以及信仰的利益得失。他们衡量共同体与进步、共同体与竞争、共同体与个人的轻重关系,最终选择了偏向共同体这边。他们不愿意接受技术的进步,除非他们确信技术进步对共同体只有极小的影响或是别无选择。他们不断地去为许可的东西进行争取,而不是选择被动接受或断然拒绝。例如,一些门诺人(他们有各种各样的不同类型)允许街上有电话,但却不允许家里有电话。面对技术决策,他们会提出类似这样的问题:在家里安一个电话有助于家庭团结吗?使用机械化的农用设备有助于还是不利于共同体互动?

门诺人明白:技术革新会带来社会性的后果。在技术是怎样以一种不可想象的方式改变我们的社会生活方面,集中供暖和空调提供了一个典型的例子。当壁炉或柴炉是主要热源时,房子是根据保存热量和维护家庭成员间亲密关系的方式设计的。房间有多种功能，并可更容易地把没有暖气的地方关闭，厨房也大到能够放下一张一家人聚在一起的大桌子，等等。随着集中供暖和所有房间同步供暖管道的出现，家庭成员不再需要待在同一个地方。慢慢地出现了舒适的主人卧室和为孩子准备的个人卧室，每个房间都配备有电视和电脑，这种趋势进一步导致家庭生活分裂。门诺人宁愿采用保持家庭成员关系密切的旧的技术方式。

　　门诺人也尽量减少劳动分工，因此在别人需要时任何人都能轻易地插手工作并提供帮助。甚至他们的教会组织也呈现出最低程度的专业分工。这里没有专业的神职人员，教会集会在家中进行，使用的长凳用马匹和小车从一个地方运到另一个地方。学校教育侧重于基本知识和有利于发展的技能，而不是将学习本身作为一种目的，后者可能会对共同体产生威胁。门诺人共同体中存在的主要劳动分工在于性别方面。你的生活计划在你出生时就已被设计好了，具体如何取决于你是男孩还是女孩。

　　用涂尔干的理论模型来说，门诺人的生活方式体现了机械团结。相反，我们今天的大多数人则生活在以有机团结为特征的世界中。一个世界并不一定优于其他世界，相反，生活在不同世界中的人们，都会使用不同的标准来判断什么对他们是最有意义的。分析一下门诺人的生活方式，无论怎样都可能会提出一些有关现代社会的有趣问题：什么是进步？如何对什么是进步来做价值判断？像门诺人那样限制个人选择的机会，会不会提升一个人可能做出的任何个人选择的价值？"57 频道"是否降低了我们可能做出的任何个人选择的价值？我们意识到我们所做选择的后果了吗？

当代社会中的个人主义和相互依赖性

涂尔干对生活在以有机团结为特征的现代社会中的我们提供的建议——**或者说**我们从"汉堡是一个奇迹"的例子中学到的是：我们必须承认我们的相互依赖性。我们现在比以往任何时候都更需要对方。一个来自传统社会的人，可能会具有丰富的关于食物来自何处的知识，并有足够的技能生产自身生存所需的食物。但要是没有了当地的超市、小市场或者快餐连锁店，我们现代社会中的大多数人都会面临极大的麻烦。

对现代社会来说具有讽刺意味的是，我们把极大的相互依赖性（由于专业化）同一种强烈的个人主义意识（跟一种弱的集体意识相关联）联系到了一起。我们由于极端的劳动分工而不能自给自足，但是我们却有一种强烈的独立的愿望。我们比以前更需要对方，但我们却认为我们可以不需要对方。在传统社会，由于有限的劳动分工，人们会掌握必需的生存技巧，但由于一种强烈的集体意识，人们并不会去独立地生活。因而按照涂尔干的观点，集体意识和劳动分工之间有着一种反向关系。在现代的有机社会，尽管有相互依赖性的假象，但存在于生产者之间、生产者和消费者之间、雇主和工人之间，以及邻里之间的这种联系却断裂了。我们在现代社会中面临的

第四章 汉堡是一个奇迹

挑战在于，恰当地认识我们的相互依赖性。虽然也有些共同体、公司及组织非常努力地去确立我们之间的相互联系，但对当代社会的共同体纽带的研究却表明，我们尚未成功地确立起我们彼此之间的相互依赖性。

独自玩保龄球

一个比较新的旨在说明集体意识所体现的共同体或关系纽带力量的社会学概念就是"社会资本"。**社会资本**是指相互依赖的社会网络，共享如何采取行动和相互间的信任，以帮助我们达到共同的目标。对社会资本感兴趣的理论学家提出的一个关键问题是：我们的共同体网络到底有多强大？在一个崇尚个人主义高于共同体的社会中，人们极少愿为公众参与的事情而牺牲个人。

以"独自打保龄球"为标题，在一篇重要的论文和一本畅销书中，政治学家普特南（Robert Putnan，1995）论证了美国社会资本的总量在近几十年来有了明显的下降。他发现，在公共生活的许多方面，人们的参与率都有所下降，其中包括政治、教会、邻里关系、志愿者组织、家长老师群体、棋牌俱乐部等等更多领域。他的一个典型的例子就是，在过去30年左右的时间里，美国玩保龄球的人数大幅增长，但与此同时参加保龄球联盟的人数却在急剧下降。玩保龄球的人越来越多，但越来越多的人都是独自玩保龄球。

什么原因能够解释社会资本的下降呢？一个原因是地理位置重要性的下降。越来越多的人远离了生养自己的本土。快捷的交通和日新月异的通信进步，使得经常迁移成为可能。我们极少能在我们的当地社区实现我们的消费、娱乐以及作为公民的需要。我们更有可能迁离童年时期的家而去其他地方发财。大城市地区和互联网提供了许多可以选择的更宽广的机会市场。对于拥有足够资源的人来说，去他们想去的地方、得到他们想要的、建立并保持与他们需要的人之间的关系，现已成为可能。

我们与工作场所之间关系的变化，对社会资本也有影响。我们越来越多地认为，为了发展事业，我们将不得不从一个公司跳到另一个公司，或是从一个老板那里换到另一个老板那里。毫无疑问，你的职业阶梯将会越来越高。如果你想成为一名专业人士，通常你会离开家去上大学。学业完成后，为了实现事业目标你会去干工作。对职业生涯的追求，很可能会涉及一些变动，这更进一步地阻止了任何想植根于当地共同体的努力。超越家庭和共同体而选择个人事业的进步——我自己就是这样做的，但却也不无遗憾。当我父亲做心脏外科手术或当我错过母亲的退休晚会时，我也就错过了参与到他们生活中一些很重要的事情中去的机会。这些年来我一直没能生活在他们身边去帮助他们，或是得到他们的帮助（当我们的孩子还是婴儿时，这一点特别有用）。相对于家庭和共同体纽带，我们经常会选择个人事业上的进步——我们这样做是以他们的支持和他们的牺牲为代价的。

影响社会资本的一个就业方面的因素在于，妇女更广泛地参加有偿劳动的转变。这种专业化使得工作和家庭的分离在后工业革命时代进一步扩大,其中男人和女人都在有偿劳动上投入了大量时间。结果,拥有必要的时间去做跟共同体工作有关的事情的人也就越来越少。这类事情包括当地组织的志愿服务,例如宗教组织、市民团体、送餐服务社,以及家长老师联合会。它还包含被叫做"亲属工作"的事情,其中包括联系亲朋好友、组织家庭庆祝和宗教仪式以及维持这些关系。社会资本中的关键术语不是性别,而是时间。由于经济原因,我们会发现我们必须把更多的精力投入工作场所,而不是投入家庭或共同体中。

正如我们从门诺人那里学到的,技术体现了另一个把我们从当地社区中分离出来的重要因素。简单地说,我们更愿意待在家里看电视,而不是出去参加集会或团体活动。普特南也提到了电视,他说:"依赖电视娱乐不单单是一个公民失去参与的重要指标,它也是我发现的唯一最恒定的指标。"我们看电视越多,与社会的联系就越少。看电视的人更不可能去参加志愿活动、给亲朋好友写信、参加俱乐部会议、上教堂和参加其他更多的活动。同样,因特网能够将我们与许多不同的人和看法联系起来,但在实际生活中却似乎起到了与之相反的作用。我们并没有试图去寻找与我们相似的人以及最接近我们的观点。普特南称其为"**赛博巴尔干化**"。

历史上,作为共同体的一部分,意味着要和有着不同经验、看法和观点的人在一起生活、工作并相互交流。美国社会学家贝拉和他的同事们(Robert Bella eg., 1985)在把"共同体"同他们所称的"生活型社会(生活方式)"进行比较时指出了这一点:"共同体试图成为一个包容性的整体，鼓励公共和个人生活以及不同类群间的相互依赖，但生活型社会从本质上来说是分割的并鼓励相似意义上的自恋。"当我们作选择时，生活在今天的我们，往往会选择贝拉所称的"**生活型领地**"，它是由像我们一样的人组成的。举例来说，互联网就是阴谋理论家用来寻找对方的理想之地。生活型领地的问题在于，它会减少社会资本并削弱集体意识。正如涂尔干预测的那样，基于劳动分工的工作场所的专业化将会削弱集体意识，我们现在已经发现，由经济和技术上的变革引起的社会专业化，正在导致共同体的分裂。

我们的社会资本下降的原因,肯定是社会学方面的。正是这种体制（我们生活其中的社会的结构），对我们所做的选择产生了影响。在一个全球化和技术依赖性增长的社会里，我们的工作、家庭和社会关系不再依赖我们与当地社区的联系。事实上，如果我们用这种方式来限制自己，将会阻碍我们作为个人的发展。我们很多人都只是不愿放弃由交通和通讯网络提供的自由流动、由一个日益专业化的经济提供的社会流动的希望，或是由看电视和网上冲浪带来的乐趣。我们迈向了超出我们生活范围的世界，去寻找休闲、娱乐、就业机会以及支持我们对世界看法的人——即使我们的邻居、同事或家人并不支持。尽管我们作为个人可能更喜欢强大的社会资本带来的收益，但我们不断做出的决定却在导致社会资本的下降。

扩大社会资本

　　社会资本的形成，对各种各样情境下的个人、家庭和共同体都有很多益处。当社会网络强大的时候，儿童福利和教育成果都会得到改善，犯罪率下降，身心健康得到改善，从而提高了整体的幸福水平。人们也更容易参与政府事务并改善政府业绩。在社会资本强大的地方，无论个人和社会，都会有更大的经济繁荣。企业主认为，在这样的地方进行投资，会实现个人和经济上的双赢。社会资本的益处是显而易见的："在一个拥有大量社会资本储备的社会里，生活是相对轻松的。首先，公民参与的网络形成了健全的普遍互惠的规范，并促进了社会信任的出现。这种网络有利于进行协作与交流，扩大声望，并使集体行动困境得到解决。"在有着强大社会资本的社会中，互惠性是其规范。换句话说，我们为其他人做事，相信其他人也会为我们做事。

　　我们已经知道了社会资本的益处，那么做什么能够增加社会资本呢？社会资本问题需要社会的解决办法。单靠人力资本和物质资本去解决社会问题终将失败。使个人受到更好的教育、更健康或者增加我们社会的财富和资本也是不够的。美国的社会政策是典型地旨在"增加个人的机会，但是如果社会资本是重要的，这一强调就是部分错位的。相反，我们必须关注社会的发展，给那些看似与经济和政治关系不大的宗教组织、合唱团及小联盟留下发展空间"。社会领袖和政治家必须努力处理好这两方的紧张关系：一方是全球性高度竞争的经济需求，另一方是当地社区对其居民提出的相互关爱的需求。

　　对社会资本的形成特别重要的是，扩大人们与不同于他们自己的人在非正式背景下互动的机会。为了维持高水平的社会资本，这种扩大必须存在于工作场所，存在于工作场所与社区的交叉处，存在于更广大的社会中。例如，普特南建议，美国的工作场所应该制定政策允许工人们更多地关心家庭和社区。增加社会资本的政策包括增加休息时间，以便雇工们能自愿参加社区服务，参与和学校相关的活动以及教堂的工作，甚至是有更多的喝咖啡休息时间，扩大非正式的跨群体交流的机会。以这种方式投资的公司将会在招聘和挽留方面获得一些积极效果。《财富》杂志列出"100个最适合工作的公司"，对许多找工作的人来说是一种资源，并增加了这种政策类型的公司额外的分量。学校也可以通过让学生参与社区项目并同社区邻居建立联系来促进社会资本的发展。甚至城市规划也可以通过设计减少去社区外获取商品和服务、增加社会接触机会的方式来积极地增加社会资本。简单地说，如果物质资源、社会资源和文化资源能被组织起来去促进当地社区成员同他人非正式交流机会的话，社会资本就能有所提高。

美好社会

　　普特南提出的我们必须有意识地制定政策来增加社会资本的建议是一件新近的事情。涂尔干认为，美好社会必将到来。社会也会像其他生物有机体一样战胜威胁它的疾病。失范只是在走向社会秩序中出现的一个暂时性的干扰,一旦我们认识到彼此间的相互依赖性,我们就能克服它。

对未来抱有乐观看法的并非只有涂尔干一人。许多19世纪的思想家都持有同样的观点。进步是一个占据主导地位的范式,走向更美好的世界是必然的。科学和技术将使我们建造一个美好的世界变为可能。虽然马克思(我们将会在下一章中说到)经常被与革命论联系到一起,并且涂尔干不同意马克思的基本观点,但是他们却有一个共同的进步历史观,并认为美好社会的发展是必然的。

然而我们却生活在一个实际情况并不那么乐观的年代。除非我们意识到我们社会资本的下降并通过有目的的行为来增加社会资本,否则美好社会就实现不了。这不仅需要公众的努力,而且需要个人的努力。涂尔干关于现代社会和传统社会差异性的分析给我们提供了一些工具,我们可以使用这些工具来解释我们自己的所做所想。集体意识和劳动分工是两个关键概念。我们当前需要把握的一个尺度是:我们生活其中的现代社会决定了我们个人的所做所想,而我们的个体主义取向只有在支撑它的社会结构中才有存在和充分发展的可能。

思考题

1. 你认为发生了革命性变革的（思想、政治和经济）区域中，哪一个会直接影响到我们每天的日常生活？为什么？

2. 为什么劳动分工会削弱集体意识、导致个人主义的增长？

3. 为什么说汉堡是一个奇迹？

4. 为什么门诺人反对技术？他们正在做怎样的权衡？我们大多数人为什么不能得出相同的结论？

5. 个人主义和相互依赖性如何相关联？

6. 假定我们更可能"独自玩保龄球"或者追求"生活型领地"，是哪些可能的社会因素导致社会资本下降？我们怎样做才能减少这些消极因素？

7. 集体意识在何种程度上仍然存在？我们的选择以何种方式受到把我们的社会结合在一起的观念和价值观的塑造？

[第五章]

劳动力 + 树 = 书桌

生产与革新

美国第三任总统杰斐逊认为,美国应成为一个农业共和国,大多数居民可以成为"自耕农",拥有自己的土地。有了财产权,这些农民可以有一种攸关政府事务的社会责任感,这样可以引导他们成为尽责的公民。换言之,杰斐逊宣称美国民主社会强有力的基础在于农业而不是工业,是乡村而不是城市。事实上,他认为,我们应该最大限度地避免城市化和产业化。他不相信那些没有财产的人,因为他们对可能发生的事情缺乏兴趣。杰斐逊期望在未来的日子里,这些拥有自主产权的公民能占到更大比例。但他这些想法从未实现。相反,自19世纪以来,随着向工业化转变,工人越来越丧失了其自主性和控制的权利,沦为大型工业机器的附属物。

涂尔干重点关注的是工业革命对社会的影响,而忽视了工业革命对生产的影响。他把劳动分工看成是给定的,从而在很大程度上忽视了劳动分工对工作和工人的影响。然而实际情况却是,工业革命是随着资本主义的膨胀而发展的。**资本主义**是指一种基于私人财产的经济制度,在这一制度中,追逐利润的个人、公司和组织相互进行市场竞争。从大型农业和乡村经济向工业和城市经济的转型,和大型商业的发展是同步的。尽管我们都能说出一些变得很富有的人的名字,例如洛克菲勒、卡内基等,但那只是极少数人,大多数人所面对的都是贫困和恶劣的工作环境。

随着生产的工业化,工人开始为了工资而工作,开始听命于老板,对他们自己的劳动产品则失去了控制。工人丧失了杰斐逊所认为最重要的自我决定的权利。结果,工作通过机器生产而变得去技术性,工人也被当成机器的附属对待,由于工人缺少技术培训,所以他们很容易被替代。美国小说家辛克莱在他的小说《屠场》中描述了芝加哥肉类深加工厂可怕的工作环境:危险的工作条件、被污染的环境、拥挤的条件极其简陋的住房情况,导致关于肉类深加工产业的重要立法出现,但是书中并没有提出更大的目标,没有质疑造成这些状况的社会基础。对产业资本主义制度及其影响的批评,在马克思的早期著作中得到了全面体现。

马克思终生致力于分析生产组织及其对人类生活的影响。人们一提到马克思,首先想到的就是"共产主义"。如果是生活在美国或者许多西方国家的人,他们另外最常想到的就是"罪恶"。对社会学家来说,马克思是一位非常重要的人物,也引起了广泛的关注,但是人们最关心的还是他关于资本主义的分析。事实上,马克思绝大

第五章 劳动力＋树＝书桌

多数著作都是关于资本主义的，只有很少部分讲到共产主义是什么样子。

马克思于1818年5月5日出生在德国莱茵省特利尔城。他的父亲是名律师，母亲来自荷兰一个有名望的家族。17岁那年，马克思离开家乡去上大学，在波恩大学度过了美好的一年以后，他转到了柏林大学，他在那里接受的哲学思想对他以后的生涯有许多帮助。即将完成博士学业时，马克思因跟那些拥护激进观点的人有密切关系而被列入黑名单，学业就此终止。1843年，他娶了青梅竹马的女友燕妮为妻，一起移居巴黎。在那里，他遇到了一生的知己恩格斯。

1848年，欧洲似乎到处都在发生翻天覆地的变化。工业革命在德国、意大利、比利时和法国到处爆发。马克思去了事件发生的很多地方。在这一大背景下，马克思和恩格斯写成了著名的《共产党宣言》。从这本书中我们得知，马克思坚信资本主义很快就要灭亡。尽管这些革命全部被镇压了，很多都是通过暴力手段实现的，但马克思依然坚持信念并继续写作。1849年马克思移居伦敦，并在那里以在大英博物馆里写作的方式度过了他余生中所有最重要的时光。

马克思不断观察革命迫近的信号。1863年一个国际性工人组织（第一国际）成立，呼吁工人们联合起来与资本主义制度作斗争，希望能由一种集体所有制取代它，马克思给予了他们很大帮助。1871年，一个工人阶级的革命政府（巴黎公社）控制了巴黎。但是，结果也是革命很快就被镇压，数以千计的工人被杀，第一国际最终于1876年瓦解。马克思期盼的革命在其有生之年再也没有爆发，但是基于他的历史发展理论（我们将会在下文讨论），马克思始终坚信历史是站在他这边的。马克思于1883年3月14日逝世。

劳动力和技术革新

尽管马克思关于社会的理论在涂尔干出生前就已产生了广泛影响，但是他们的学术生活也有几十年的重叠。他们对理解社会与个人之间的关系有一些大致相同的思路。通过比较传统社会和现代社会，涂尔干揭示了社会结构如何影响我们的思想和行动。在他的理论模型中，现代社会复杂的劳动分工产生了对社会整合的关注。对此，马克思大致上也是认同的。

然而在他们所理解的"美好社会"是什么及如何实现美好社会上，马克思和涂尔干却有很大分歧。涂尔干认为，强调相互依赖性的有机团结是社会进化的必然结果。马克思则把革命（彻底推翻既有社会关系）看做是实现美好社会的唯一途径。这也是马克思看到的资本主义演变的必然结果。尽管涂尔干关注到了工业革命对社会的影响，但是马克思在这方面则更进了一步，认为工业革命威胁到了我们人类的核心东西。

在分析马克思关于共产主义的预言或者对资本主义的分析（他对资本主义既有褒扬又有谴责）之前，我想提出理解马克思的两个关键概念：劳动力和技术革新。**劳动力**是指人们生产的能力或把原材料转换成产品的能力。**技术革新**是指永无止境地在生产中开发新技术和工具。尽管马克思的观点很容易引起混淆，但你只要把这两个概念牢记在心，他的其他理论也就都很容易理解，包括其著名的资本主义必将灭亡、共产主义必将到来的预言。

马克思的五个预设

马克思亲身经历的由工业革命造成的城市急剧变迁，使他能够直接去思考社会变革的人类代价。他看到了变革带给工人和社会的破坏性后果。他的目标是理解这些变革，并分析它们将把我们带向何方。

马克思始终在朝着这个目标前进，他首先提出的就是劳动让我们成为独特的人。基于这一基础，他解释了我们如何建设社会。他认为我们的生产方式因为技术革新而发生变革，它决定了我们的社会关系。最后,他根据这些预设预测了社会发展的方向。他提出"美好社会"终将实现，那时人的劳动的价值将会得到体现和尊重。这里我们通过分析贯穿马克思所有观点的五个基本预设来更全面地理解这些发展。

人类必须生产

我们不像动物,我们缺乏复杂的维持生存的本能。我们的基因没有告诉我们如何获得生存所需的东西，包括食物、居所和衣服。我们人类必须建立或构建我们和自然的联系，这就需要生产。

生产使我们成为独一无二的人类

生产能力是人和其他动物的根本区别。我们的基因不仅不能决定生产，也不能控制生产。我们没有复杂的本能，这意味着我们可以自由地确立我们所选择的与自然的关系。尽管动物造的"家"和"产品"都和同类一样，但人类的住房、衣服和其他产品却是各不相同。人类在生产产品方面表现出极大的创造性。我们甚至还有不生产的选择权（或者说拒绝"本能"）。

理解这一人类能力的重要性，是理解马克思其他思想的一个关键所在。人类生产的能力必须得到保护、珍视、赞扬和肯定，因为这是我们是谁的根本。我们生产出的产品与原材料有很大不同，没有人类的加工，就没有产品。正如社会学家吉尔曼所指出的："劳动不只是人类生存的手段，劳动就是人类生活。"

我们把自己投入产品之中

我们自己和产品的关系可以说是无比亲密。当我们生产某种东西时，我们同时也就把自己的一部分投入到了产品中去。这种自我投入，最明显地体现在手工艺和创造性劳动中。当我们制作一个书柜或是枕头时，从设计开始我们就已融入其中。我们为生产产品而投入的艰辛、能量和时间感到自豪。如果我们丢失了自己制造的产品或者某人毁坏了它，我们不仅会为失去了这个物品而伤心，还会为再也找不到制造产品时的部分自我而伤心。

前三个预设的中心思想就是马克思的劳动力概念。劳动力概念是马克思解释生产能力的工具。不论分析哪种社会，他总是先分析社会是如何组织生产的。一个简单的等式可以帮助我们说明为什么生产是他分析的中心：产品＝原材料＋劳动力。原材料如果没有经过劳动力的加工，只不过是一堆原物而已。是劳动力把价值赋予产品。由于工人是价值的源泉（不然，一堆原物仍然只能是原材料），所以马克思认为工人应该拥有或控制产品，至少是对产品的价值拥有话语权。如果我们不能控制我们的产品，我们也就不能控制我们自身作为人类独特的东西。

经济决定社会

第四个预设是"经济决定社会"，用马克思的话说就是：经济基础决定上层建筑。我们组织生产，或是组织劳动力的方式，提供了整个社会一切的基础。上层建筑，也可以说是社会，包括社会关系制度，其中有政府、家庭、教育和宗教等社会制度。上层建筑取决于或者也可说是由物质基础决定。例如，在农业社会，生产来源于土地，因而拥有土地或者控制土地也就成为权力的基础。社会也强化了这些拥有者的权力。例如，宗教为国王的统治辩护时，认为国王是上帝派来控制人类的，所以国王的权威性就不会受到质疑。

马克思认为，社会关系制度是为统治精英利益服务的。例如，他有名的一句话是："宗教是人民的鸦片。"他的意思是，宗教建立于经济关系之上，并强化了这种关系，从而把权力正统化，并且常常是牺牲了无权者的利益。例如，说到天主，耶稣曾说："这样，那在后的将要在前，在前的将要在后了。"这可以被统治者用来争辩说穷人应该接受现状，不要推翻统治或质疑权威，因为在天国里他们将会得到一切补偿。这样一来，就强化了既有的不平等制度。因为对政府制度、教育制度和家庭制度，同样可以这样说。

但从长远来说，生产为社会关系提供的是一种不稳固的基础，因为我们的生产方式、生产制度并非铁板一块，而是动态的。我们的生产能力随着时间推移而变化，主要是通过技术革新实现的。过去我们制作一把椅子或一张桌子可能要花数天或数周时间，现在批量生产和机器生产使得我们只需几个小时就能做好同样的东西。结果就是：建立在工业时代基础上的社会制度，会随着时代变化变得不再像先前那么稳定。那些控制资源的人，例如奴隶主、国王和贵族、资本家，都曾一度掌握着社会权力，但最终他们的地位都不会长久，因为生产制度随着技术革新已经发生了转变。这就像有一座建立在地基会不断扩展上的房子，我们可以通过支撑而暂时保护房屋，但是一旦某一部分地基出现不良状况，它就会倒塌，需要建造新的房子。结果就是，出现引导建设新的社会关系的革命。

马克思把人类历史分成一系列阶段。每个阶段的社会关系制度，都建立在一个在当时历史时期占据主导地位的特定的技术发展水平之上。马克思明确划分出了人类发展的四个阶段：1. **原始共产主义**：在这一阶段，几乎没有技术发展，人们相互依赖而生存。这时几乎没有劳动分工，财产共有，人与人之间的等级差别极小。2. **封建主**

义：这一制度以农业为基础，最重要的财产就是土地。这时出现了贯穿历史进程的阶级冲突，人与人之间出现分化，有人拥有和控制着土地，有人则没有。相关的社会制度强化了这种经济制度，拥有财产的人成为贵族阶级，包括国王、王后、公爵、女公爵、庄园主等，他们拥有权力和特权，而农奴和农民则没有财产。3. **资本主义**：在这一制度中，贵族的权利转给了拥有私有财产的人。拥有制造产品所需资料的人掌握了实权，这时生产资料不仅指土地，而且包括进行生产所需的机器、工具、原材料和其他物质材料。有产者（资产阶级）与那些没有资产的无产阶级相对立。资本家在市场中也相互竞争，以获取最大利润，社会法律、价值体系和规范也强化了他们的所有权和控制。4. **共产主义**：这时技术高度发达，人类已经可以从以生存为目的的长期劳动中解脱出来。技术高度发达使得产品足以满足每个人的需要，私人财产已经没有意义，所以这时成为一个无阶级社会，财产由全体社会成员共享。

在人类历史的某一时点，当社会制度跟不断发展的它们曾依赖的经济或生产基础不再适应时，新阶段就会出现。例如，当以农业为基础的封建主义让位于以工业为基础的资本主义时，皇室逐渐丧失了控制生产的权力。按照马克思的观点，生产的不断发展，意味着资本主义及其经济基础和上层建筑最终会被共产主义所取代。

短缺和分配是实现美好社会的障碍

马克思的最后一个预设，分析了为什么共产主义不只是社会关系的下一个新阶段,而且是最后阶段。马克思认为,它所代表的这个"美好社会",找到了在社会关系发展中遇到的一切问题的最终解决方法。马克思认为,实现这个美好社会的两个主要障碍是短缺和分配。尽管他认为资本主义是解决短缺的一个方式,但在强调财产私有的资本主义社会关系制度下,人们的需要还是无法完全得到满足,这就要求一定要建立一种新的社会关系。

短缺:资本主义和技术革新

短缺这个问题有时可以看做是个生产问题,即没能生产出足够多的产品。但它也是一个技术问题:我们缺乏充分的技术从自然环境中获得所需要的东西,而且人类也缺乏能力生产足够多的产品来满足人类的全部需求。因为无法满足所有人的需求,所以就会产生一种方式,决定由谁来占有它们。产品分配与社会地位紧密相关。居于统治地位的人能够通过控制生产进而控制产品的分配。马克思认为,生产问题可以通过技术革新而得以解决。

很多人都没有正确理解马克思对资本主义两面性(正面和负面)的分析。马克思肯定了资本主义,因为它解决生产问题的能力超过了以往任何社会制度。资本主义"第一个证明了,人的活动能够取得什么样的成就。它创造了完全不同于埃及金字塔、罗马水道和哥特式教堂的奇迹;它完成了完全不同于民族大迁徙和十字军东征的远征。"而且马克思认为,技术革新是资本主义发展的结果。以蒸汽机和机器革命为基础的制造业,取代了封建时代依靠农业劳动为主

第五章 劳动力＋树＝书桌

的生产。伴随资本主义出现的生产中的重要技术革新的目的，就是提高生产率。

人们对马克思的另一个误解就是，几乎所有人关注的都只是马克思对资本家和工人斗争的分析，以及资本家之间为追逐利润而进行的战斗。资本主义建立在市场竞争基础之上。每一个工业资本家（或公司）都力图控制更多的市场，以牟取最大的利润。**资本主义需要自由市场，但资本家则希望垄断**。结果就在资本家内部形成恶性循环，资本家彼此竞争，为不断提高生产率而降低劳动力成本。为了提高生产率，他们试图在工人数量不变的情况下生产出更多产品，这主要通过技术革新来实现。他们主要通过生产流程的机械化和**去技术性**（使工作简单化）来降低劳动力成本，因此一个工作可以让工人中的任何一个去完成，而这需要的技术培训很少。这样劳动力的成本就降低了，因为资本家不需要为技术培训支付费用，而仅需支付工人的基本生活和再生产（生小孩来生产下一代工人）费用。

资本主义从建立开始就依照自己的逻辑运行。资本家在市场中互相竞争。由于他们互相竞争，总是努力降低生产成本，增加利润，因此寻求改变就成了唯一不变的东西。如果他们引进新技术能给他们带来市场优势或利润优势，他们的竞争者很快也会这么做。这样一来，他们的优势就会消失，从而也就需要更新的技术。当然，劳动力的价值也会随着技术更新而贬值。如果交通和通讯中的创新使生产更加经济方便的话，那么唯一的选择就是去寻找更为廉价的劳动力。即使一个资本家不这么做，其他资本家也会这么去做。其共同

107

目的都是开发原材料。同样,资本家也总是在为其产品寻求新的市场。例如,美国公司努力寻求开拓那些还没有被产品泛滥所淹没的"新兴市场"。这一恶性循环是马克思对资本主义主要的不满之一。

分配:资本主义和社会关系

假定我们有能力为所有人生产足够的产品(甚至还有剩余产品),那么美好社会还有第二个障碍,就是分配问题。换句话说,既然我们生产出的产品比所有人的需要还多,为什么还是无法满足所有人?马克思的答案就是,我们的社会关系制度决定了谁有权利得到物品和为什么能够得到。只要这一制度不再适合它所依赖的经济基础,一个新的社会关系制度就必然要出现。

尽管马克思称赞资本主义的生产能力,但他依然谴责资本主义,因为归根结底,资本主义的成功是建立在那些从这一制度中获益极少的劳动者基础之上的。在资本主义制度下,尽管工人通过劳动创造了价值,但利润却从工人那里流到了统治阶级那里。正如上文提到的,马克思把工人阶级称为**无产阶级**,而把有产阶级和统治阶级称为**资产阶级**。资产阶级拥有生产资料。他们拥有工具、工厂、机器、土地、原材料和其他生产必需的资源。无产阶级仅仅拥有劳动力。资产阶级和无产阶级互相依赖维护这一制度的运作,但是这种依赖是不平等的。无产阶级更加依赖资产阶级,因为如果没有生产资料,无产阶级将无法生存。他们缺乏土地和种子来种植作物,缺乏生产所需的原材料和工具。在资本主义制度下,他们必须出卖

第五章　劳动力＋树＝书桌

自己的劳动力给资产阶级以换取工资。

资本家之间的斗争进一步提高了资本家和工人之间的斗争。资本家往往握有话语权，如果一个工人对他们有所要求，他就会被解雇。当然，只有在还有同样或更低工资的替补员工的情况下，他们才会解雇工人。保证有充足的工人供应的最好方法，就是降低这份工作的技术和培训要求（去技术性），提高机器生产的作用。我们知道，在工厂生产中这已经实行了很多年，但现在，去技术性在专业职位上也出现了。例如，医生现在就受到了不断增加的医生助理和护士的威胁。问题的关键在于供求关系上。如果别人也可以做医生的工作，至少是部分工作，那么对医生的知识和技术的需求就会降低，这会导致医生很难要求高工资。

去技术性维持着资本主义的运转，有助于解决生产问题。但对每个工人来说，则产生了一个很大的问题——马克思称之为"异化"。从根本上来说，**异化**就是指与社区的分离，与工作伙伴的分离，与我们制造的产品的分离，最重要的是与我们生产的创造性、动态性、独特的人类潜能的分离。通过技术革新，知识和技术从工人中剥离出来而变成机器。现在，大部分去技术性的工人都可以通过操作机器制造产品，这在过去则要花上几年时间去学习掌握。没有了创造性，"把自己投入到产品中"也就毫无意义可言。

在去技术性工作中，工人不仅与其劳动力及其本身异化，工人彼此之间也缺少了联系。如果一个工人想对其老板抱怨工资或工作环境，那老板很快就会雇用另一个工人来顶替这个位置，而不需要什么培训。因而其他工人就被看成了竞争者，怨恨也由此产生。这些冲突往往产生于把移民工人看做威胁。我们常常听到有人抱怨"他们想要夺走我们的工作"。具有讽刺意味的是，工人为了工作而竞争，反而导致工资越来越少，并会变得更加没有意义。马克思提醒工人应该找到合适的仇恨目标——上层者而不是底层者。

按照马克思的观点，资本主义必然会导致人类价值降低，而且会使人成为商品。在资本主义制度下，我们制造的商品中的人的价值降低为市场价值。原来有意义的工作现在已经变得没有意义。我们已经降低为为工资而工作。

马克思认为，尽管资本主义解决了生产问题，但它带来的却是大多数人的异化。尽管资本主义生产的财富是通过劳动者得到的，但他们所生活其中的世界已经被分割和瓦解。他们不能控制自己的劳动，并以此获得他们的必须和需要，而是生活在不断的失业威胁中，工作也变得越来越没有意义，社会则动荡不定。

革命和美好社会

资产阶级看似有一个坚固的制度能够维护他们的权力，但马克思相信，随着资本主义发展，它本身的原则会导致其自身灭亡。工人开始怀疑这一制度的意义。生产的东西已经比所有人所需还要多，为什么他们还是没有得到自己所需？他们付出很多却回报很少。

虽然随着劳动力大军（大量去技术性、失业的工人）的增加，工人个体的力量减弱了,但是他们潜在的集体力量则在扩大。马克思预测工人阶级和资产阶级的分化越来越明显,工人阶级的工作也越来越去技术性,而上层阶级则控制了所有的重要财富,因此无产阶级就会认识到他们没有从现有社会关系中得到什么利益和好处。结果就会发生一种新的社会关系革命,改变所有权、政府、教育、家庭和宗教的组织方式。

马克思预言,工人将会通过推翻那些占有现存制度的物质或经济利益却不做任何贡献的人,夺回控制自己劳动的权力。马克思的经典名言,认为资本主义的灭亡是必然的:"因此资产阶级生产的所有产品中,首先是它自身的掘墓人。"资本主义的灭亡不是因为马克思的愿望或者反对者的革命,而是因为资本主义制度自身的演变。资本主义的灭亡是因为资本家是守规矩的资本家。

马克思认为,随着资本主义的灭亡,将会有一种新的社会制度兴起,在这个制度中,我们可以支配自己的劳动权力和成果。一旦我们通过不断的技术革新解决了短缺问题,美好社会将会通过给予我们控制劳动权力和加强与社会的联系来降低或消除异化问题。马克思把这种理想社会称为"共产主义"。马克思坚信,共产主义将会充分肯定人类生产力和技术革新的重要性,我们可以获得自我支配的权力。资本主义阻碍了我们充分发挥自身人性的一面,因此它必定灭亡。

因为这一革命尚未发生,所以有人认为马克思的看法是错误的和不现实的。然而,这种观点是错误的。尽管马克思预言的资本家和工人之间的极端分化还没有出现，但现实情况确实是富人越富穷人越穷。在全球范围内，马克思关于资本主义恶性循环的观点不断得到体现。资本家把技术要求最小、耗费人力最多的工作转移到其他国家（例如马来西亚、中国、墨西哥；大家不妨看看自己衣服上的商标）以寻求廉价劳动力。

去技术性进程仍在继续。尽管去技术性首先冲击到工人阶级，但有新证据表明，中产阶级和专业工作者也开始越来越受到影响。雇用临时工人和外包工作的趋势，减少了全日制工作的秘书、保管员和其他服务工作的人数。在过去，比如说航天行业的计算机编程员，必须自始至终参与一个项目，但是现在编程工作成了整个程序过程的一部分，这一工作也流水线化了。过去医生拥有自己的从业范围，以及工作必须的"生产资料（设备、工具、办公室）"，但现在越来越多的人发现自己是从诊所、PPOs、HMOs 里领工资的人。从不必再去监督复杂的商业环境（预约、账单等等）中方方面面的医疗事务中解脱出来，被丧失自己业务的自主权抵消了。

去技术性过程是影响我们行动的很重要的一个方面。当我问我的学生为什么上大学时，几乎没有一个人回答"为了追求真理和智慧"。他们认为获得学位主要是能帮助找到一份好点的工作。我听到最多的是，"这样我就不用待在麦当劳递三明治"。他们试图通过提高自己的地位来逃脱去技术性工作。文凭泛滥就是这一趋势的证明。原来高中文凭就可以找到一份体面的工作，现在则需要大学文凭，越来越多的学生希望拿到研究生学位就是为了能找到一份好点的工作。文凭越高，赚钱越多。学生们之所以选择上大学，是因为他们心里很清楚，除此之外，别无选择。

现在我们重新回到资本主义的话题上，马克思的逻辑依然是正确的：有产者试图通过提高生产率、技术革新、去技术性和寻找廉价劳动力来获得更多利润。那些只拥有劳动力的工人，因为缺乏生存所需的物质资源，只能出卖劳动力，他们仍然受到拥有和控制生产资料的人的摆布。俗话说，有得必有失，我们因为资本主义提供廉价商品而受益，但是我们也会因为它而遭受失业和失去收入的痛苦。

变革经济学

通过马克思，我们知道了个体的所做所想都受到结构因素的影响，主要是经济力量：劳动力、生产组织和技术革新。资本主义通过提高生产的技术能力解决了短缺问题。但是随着资本家降低生产成本获得更多利润，资本家和工人之间的斗争导致了异化的出现。资本家之间也彼此竞争，如果他们无法跟上竞争者的革新，他们就会被市场淘汰。是制度决定了他们的行动。换作我们处在他们的地位，十有八九我们也会这样去做。但是当短缺问题靠技术革新解决后，马克思认为资本主义的社会关系就变得没有意义了。当所有人都有办法去控制生产时，一种新的社会关系就会产生。正是马克思结构性的、宏观的、自上而下的分析，使他得出了这一结论。

马克思教会我们要从物质资料分配这一角度去解释我们的所做

所想。我们要分析是谁控制着物质资料,这一控制会产生怎样的结果。关于黄金法则的经典论述就是:"拥有黄金的人制定规则。"物质资料的分配,影响到我们认为哪种观念是好还是坏,哪种信念是合适的,我们应该追求哪些知识。马克思认为这些影响常常是相同的。生产组织往往会决定社会关系制度,这种制度是有利于经济精英的。正如他说的那样,"任何一个时代的统治思想,始终都不过是统治阶级的思想"。当经济基础发生变化时,新的观念就会出现,新的社会关系制度也会随之产生。

按照马克思的观点,由于人类惊人的创新生产能力,"美好社会"必将到来。一旦我们可以生产足够多的产品,最终就会满足所有人的需求。他的"社会组织影响个体"的观点产生了很大影响,促生了许多重要的社会学洞见,但是人们更关注的仍是他关于权力而非生产资料所有制的观点。我们将在下一章介绍的韦伯认为,权力还有其他来源。

思考题

　　1. 如果杰斐逊理想的财产自有的"自耕农"公民模式和工业生产相结合，我们今天的世界将会是什么样子？

　　2. 生产使我们成为独一无二的人类，如何理解马克思这一观点对理解他对资本主义的批判至关重要？

　　3. 马克思为什么会认为"美好社会"必将到来？

　　4. 在哪种意义上来说，资本家之间的竞争是资产阶级与无产阶级冲突的导火索？

　　5. 为什么以挣工资为目的的工作，不管工资有多高，都有可能导致异化？

[第六章]

我思故我做

权力、权威与社会控制

哲学上最常被引用的一句话可能就是笛卡儿说的"我思故我在"。笛卡儿试图提出无可辩驳的论据来证明自己的存在，他认定他可以怀疑一切而唯独不能否认他正在思考这个事实。他的这一著名观点促生了一个基本原理：人类在根本上是一种理性的思维动物。换言之，我们的思维能力把我们与其他动物区别开来。笛卡儿的话已经演变出许多其他的变种形式。用 Google 搜索引擎进行快速检索可以得到如下例子："我思故我沟通"，"我思故我……不在"，"我思故我笑"，"我思故我头痛"，还有"我思故我做得过火"……有人也许会说，笛卡儿及其拥护者可能把人类的基本特征过于简化为思维和理性了，其他一些东西（如行动、情感或精神）同样可以把我们定义为人类。但不管怎么说，从社会学角度来看，我们确实需要理解我们的思想如何影响到我们的行动。

第六章 我思故我做

本章我们来了解社会学"三巨头"中韦伯的理论。韦伯重申了笛卡儿强调的思想在影响我们如何行动、如何思考中的重要性。韦伯对社会学做出的贡献是多方面的,本章主要讨论其中两个方面的成就,这两个领域涉及所谓的韦伯与马克思幽灵的论战。韦伯超越马克思观点的第一点,就是他肯定了观念的力量。简单来说,二者观点的不同之处在于:马克思认为我们的所做所为影响了我们怎样思考,韦伯则认为,我们的思维方式决定了我们做什么。韦伯的第二个贡献是,他扩展了马克思的权力建立在社会阶级或物质财富基础上这一理论。如果说马克思准确地认识到了权力来自对物质资源的占有和控制的话,那么韦伯则建立了一个更具普遍性的社会权力理论,使我们能够理解经济资源、社会资源和组织资源之间的相互关系。

韦伯于1864年4月21日出生在德国的爱尔福特市,在柏林长大。因为他的父亲是一位活跃的律师和政治家,他家经常有当时重要的知识分子和政治家出入,这些人经常讨论各种观念。韦伯读了两年大学并服了一年兵役后回到家中,准备博士学位。1893年,韦伯与玛丽安娜结婚,他妻子也是一位社会学家。韦伯获得柏林大学的一个教职并从父母家里搬出来。后来,他在32岁时被任命担任海德堡大学一个声望很高的教职。

韦伯一生中不断遭受抑郁症的折磨,虽然其间也有大量的学术创作和重要成果。韦伯一工作就入迷,他像时钟一样安排自己的生活,把每一天划分为几个部分,用来做不同的事情。抑郁症发作的时候，韦伯无法进行任何工作。最严重的一次精神分裂症发作是在1897年父母来访韦伯与父亲发生激烈争吵之后。韦伯批评父亲对母亲太过专横，他把父亲赶出家门，但却再也没能与他和好，因为他父亲七周后便意外身亡。这件事发生后，足足过了五年，韦伯才能重新从事学术工作。此后他访问了美国，在圣路易斯市发表演讲，并访问了位于阿拉巴马州图斯克吉的华盛顿学院。这引发了他学术创作的又一高峰，从那时起，他创作出大量重要作品，一直到1920年6月14日死于肺炎。

韦伯同涂尔干和马克思一样，都生活在急剧的社会动荡时期。韦伯生活的年代，德国从一个松散的联邦转变为统一的德意志帝国。在这期间，德国形成了统一的军队和经济力量，与法国和英国展开经济和政治竞争，这导致了1914年第一次世界大战的爆发。正如我们在关于涂尔干和马克思的两章里了解到的，这场变革对社会和文化生活产生了重大影响，并成为韦伯试图解释为什么我们会那样去想并按我们所想的去做的一个推动因素。

韦伯与观念的重要性

韦伯熟知马克思的理论观点并对其做出回应。韦伯认为马克思唯物主义的经济决定社会的观点有些过于简单化。他试图说明思想观念也很重要。对马克思来说，我们的所思所想由我们的所做所为决定，或者更明确地说是由我们的生产活动决定。韦伯一方面认为通常事实确实如此，但在另一方面他则提出：我们的思想和信仰也会影响我们的行动，包括我们怎样进行生产活动，以及我们是否服从权威。在本节内容中，我们将会看到韦伯如何分析宗教信仰对资本主义发展的影响，以及我们对法理型权威领导者的接受对我们行动的影响。

新教伦理与资本主义精神

韦伯在其名著《新教伦理与资本主义精神》一书中，直接挑战马克思的"宗教是人民的鸦片"的观点，他提出：宗教促进了现代资本主义的产生。韦伯认为，资本主义需要"自由劳动者"，换言之，资本主义需要即使基本需求和需要得到满足依然努力工作的人。传统观点认为，除非受到强迫，人们获得想要的东西之后就会停止工作。资本主义需要人们有工作的愿望。韦伯认为，非自由劳动者或奴隶是没有效率的，因为强迫他们工作需要耗费时间和金钱。为了达到高效率和理性规划的目的，工作动机必须发自内心而不是由于受到外部的强迫。韦伯认为，这种工作态度的转变是新教改革所致，它预示了现代资本主义的诞生。

韦伯认为，领导1517年开始的新教改革的牧师马丁·路德的两个观念，促进了这种新的工作态度的产生：所有信徒都受到上帝的召唤和把工作视为天职。首先，按照路德的观点，不仅牧师是受到上帝的召唤按照上帝的方式生活，所有的信徒都受到了上帝的召唤。不仅牧师，每一个信徒都要服从上帝的命令，信徒直接对上帝负责。

其次，信徒在他们的日常生活中遵循上帝的召唤。上帝给每一个信徒都安排了一份职业——不管是牧师、农民、商人，还是其他别的什么，每个信徒都要把他们对上帝的虔诚投入自己的职业中去。

韦伯认为，这两个观念使得人们的世俗活动变得更有意义。神圣不仅存在于圣殿里，而且进入了我们的日常生活。教堂的门大开着，上帝走进了俗世生活。这种观点可能会引起一定程度的恐慌。现在上帝的目光注视着每一个人，每个人在上帝面前都是赤裸裸的，而不需要牧师和教会的中介作用。于是，信徒们都感到有义务检视自己的日常活动，确保自己在劳动和休闲中都荣耀上帝。

韦伯认为，"资本主义精神"发展中的第二个历史阶段，是由约翰·加尔文开启的，他是新教改革中的另一个主要人物。加尔文的主要贡献是他的预定论。加尔文认为，上帝在人出生前就选定了谁将上天堂、谁将下地狱。我们不知道上帝的旨意，因此我们不知道自己是否得到了上帝的恩宠。韦伯说，这种不确定，把信徒置于一种艰难的境地，他称之为"救赎恐慌"。他们可能过着圣洁、虔诚的生活但却仍然不是上帝的选民。加尔文的追随者试图解决这种紧张，他们提出，如果你是上帝的选民，你就要在上帝安排的职业中努力工作；如果你在上帝安排的职业中努力工作，你就能获得上帝的恩宠；这种恩宠可以给你一些安慰——你可能是上帝的选民。但你永远都不能确定自己到底是不是上帝的选民，这个事实让你感到压力，使你一直过着对上帝虔诚的生活，因为不这样做的结果可能是永远得不到救赎。你要在上帝安排的职业中努力工作，一刻都不能懈怠。

第六章 我思故我做

　　遵守上帝的圣召而生活，还意味着过一种勤俭的生活，甚至是拒绝肉欲和个人嗜好的禁欲生活。作为一个信徒，如果你得到了上帝的恩宠，你就不能为了满足自己的享乐而享受这恩宠带来的成果。相反，你要用工作的成果进行再投资，从而增加上帝的荣耀。这适用于每一个人，甚至包括富人。所有的人都必须工作。韦伯注意到，努力工作和禁欲生活的结果是，新教徒开始富裕起来。然而，他们的富裕不是因为他们追求财富，而是因为他们不追求财富。如果财富是他们工作的目的，那么他们认为自己获得了足够财富的时候就会停止工作。由此也就产生了一种新的工作观念的产生：人们工作不是因为他们必须工作（既不是为了生存也不是被强迫），而是因为他们要遵守他们感受到的上帝的圣召——韦伯称之为**新教工作伦理**。

　　韦伯在得出结论的过程中使用了一个思想实验，我们也可以尝试同样的实验。设想你接受了韦伯提出的对资本主义精神的产生至关重要的新教信仰，如果你是一个学生（或一个教授，或一个水管工，或者其他任何一个职业），这就是你的天职。上帝选择了你来承担这项任务或职业，你有义务在这个职业中尽自己的最大努力去工作来增加上帝的荣耀。你这样做不是为了别的什么人也不是为了教会，而是为了上帝——你直接对上帝负责。现在再设想你无法预料灵魂最终会获得拯救。上帝已经决定了你的命运，但你自己并不知道自己的命运会是什么样。作为一个对上帝虔诚的人，你会尽最大努力从事自己的职业，为上帝增添荣耀，因为不这么做就表明你可能不是上帝的选民。因此，为了获得自己将上天堂而不是下地狱的安慰，你会尽最大努力做最好的学生（或教授，或水管工）。

这种工作态度导致了"自由劳动者"的出现，人们工作不是因为他们必须工作，而是因为他们想要工作。他们工作是受内心信仰的力量驱使，而不是因为外在的奴役。尽管对于我们生活在现今世界中的很多人来说，理解这样一种宗教义务感可能会有些困难，但联想到现代的竞技体育运动可能有助于我们的理解。运动员们常说的一句话就是："没有放松的时候。"训练永远无休无止。你必须拼命训练，废寝忘食，即使没有教练在一旁监督你。清教徒同样如此，他们每天24小时每周7天都要在上帝安排的职业中努力工作。但对那些虔诚的信徒来说，结果不只是赢得或输掉一场竞赛，而是灵魂最终获得拯救。正如韦伯指出的，"现代资本主义精神的一个基本要素，也是全部现代文化的一个基本要素就是：建立在天职观念基础上的理性行为是与生俱来的……源自基督教禁欲精神。"禁欲主义加辛勤劳动等于利润。随着时间推移，工作的宗教动机衰退了，但资本主义精神却保留了下来。与马克思的理论观点不同，韦伯提出资本主义的产生不仅是由于生产力和技术的发展，还由于从宗教信仰中产生的观念和态度。

合法性权力和权威

韦伯试图建立一个关于权力的更一般的理论，由此产生了他对观念的力量的第二个洞见。韦伯特别想证明的是，权力不是马克思概括的那样仅仅是对生产资料的经济控制。韦伯提出了一个更加宽泛的权力概念,他把权力定义为"一个人或一个群体在一项公共行动中即使参与这项行动的其他人反对依然能够实现自己意愿的机会"。换言之,**权力**是即使他人反对依然能够实现自己目的的能力。虽然权力可能基于物质或经济地位,或者是由于控制了武器能够迫使别人服从你的意愿,但韦伯指出,我们在别人心目中是怎样的、他人会怎样看待我们,也会影响我们拥有的权力的大小。

这里的一个关键问题是,别人认为我们的权力合法的程度。**强制**是一种被施加者视为不合法的权力。这种权力用于奴隶制经济,但效力不高,因为迫使人们做他们不愿意做的事需要支出管制费用。韦伯所说的**权威**的效力要高得多,权威是被施加者认为合法的一种权力。

民主制就是权威的一个例子。选民都会接受选举结果,即使他们支持的候选人最终没有当选。选举产生的领袖拥有合法权力,因为公民对这个制度抱有足够的信心、信任或信念。他们的合法性依靠的是这种信心或信仰。换言之,合法性存在于信者的心中。在合法权力范围内,那些领袖甚至可以让公民去做他们可能不愿意做的事(比如交纳税费),而公民通常都会服从。

另一方面,强制性权力依靠的则不是这样的相信,相反,它以武力或武力威胁为支撑。如果我们的制度建立在强制权力的基础上,那么四年一次总统大选的结果可能就取决于最有能力动员军事力量的那个候选人,而不管人民的意愿是什么。

由于不同的个人背景,我们所有人都拥有不同程度的权威,并都在一定程度上愿意服从他人。他人的权威对我们有什么影响呢？韦伯把合法权力分为三种类型：传统型权威、卡里斯马型权威和法理型权威。韦伯的历史分析揭示了，领袖就是依靠这三种权威来影响他人的行动。

传统型权威

第一种权威，传统型权威，依靠的是"日常生活惯例为每个人提供了毋庸置疑的行为规范"这一信条。换言之，我们之所以会去做拥有权威的人希望的事情，是因为我们一直都在那么做。过去为现在提供了正当性。

过去，国王和女王所依靠的一直都是传统型权威。现在，父母通常也有这种权威。你可能在超市里见过一位父亲或母亲对孩子说不能给她买糖果这种东西。孩子问"为什么不行？"可能的回答有好多：糖果对你牙不好；马上就要吃午饭了……试图用这些理由说服孩子，通常都会失败，最终很多父母发现自己说了他／她们本来永远也不想说的话："不行就是不行"或者"因为我说不行"。这样的话确实管用，因为它假定父母对孩子有合法权威。这样的假定有着悠久的历史。

在美国文化中，长大成人的部分含义就是不再像小时候那样认为父母的传统型权威是正当的。随着年龄增大，孩子们会逐渐挑战这种权威的合法性（比如顶嘴说："谁使你成了我的上司？"父母的回应可能是："要是你处在我的位置……"）。然而，不管怎样，在未来的某一天,那些如今的孩子们也许会发现他们自己也在对他们的孩子说:"因为我说是这样就是这样。"

卡里斯马型权威

卡里斯马型权威依赖于领袖的卡里斯马,它是一种特殊的人格品质,由此这个人被看做非凡的,被赋予超自然的、超人的或者至少是极不寻常的力量和特质。卡里斯马型领袖(似乎)具有超越一般人的资质。他/她能吸引人们追随他/她,因为人们信任这个人。卡里斯马型权威与传统型权威之间的主要区别在于,卡里斯马型权威来自一个特殊的人,传统型权威则来自这个人占据的地位以及以前站在这个地位上的人的权威。

许多公众人物都有(或没有)这种权威。克林顿有卡里斯马型权威,戈尔可能就没有。宗教领袖也经常依靠卡里斯马型权威。韦伯指出,耶稣基督就是一个很好的例子。他宣称自己是上帝的儿子,人们则相信他的话,这就是卡里斯马。

因为卡里斯马型领袖的追随者信任这些领袖,所以他们往往会从正面角度来评价这些领袖。然而,我们从正面和反面都可以想到卡里斯马型领袖的例子。小马丁·路德·金是一位拥有卡里斯马型权威的宗教领袖和民权领袖,他说话的时候,人们专注地倾听,他们相信他的话并按他说的去做。金和他的追随者的成就是积极的、有意义的。在另一种情况下,希特勒也有卡里斯马型权威,但却把它用于邪恶的目的。

法理型权威与科层制

法理型权威的基础是规则、程序和为了以最有效的方式达成目标而建立的原则。与卡里斯马型权威不同的是，法理型权威的基础是地位而不是个人。而与同样基于地位的传统型权威不同的是，法理型权威下人们必须做他们被要求做的事是有原因的（通常建立在效率、资格或资格认定的基础上）。法理型权威做出决策时，不是出于个人的一时兴起，而是遵守既定的程序来做。如果程序被证明是无效率的，就会修改程序来提高生产率或效率。这种结果能够在法理规则内获得，但不论是传统型权威还是卡里斯马型权威都不能获得。

根据韦伯的观点，科层制不是法理型权威的唯一表现形式，但却是它最纯粹的表现形式。**科层制**是一种基于以最高效的方式进行生产（不管是产品还是服务）的原则上的组织。为了达到这个目标，科层制要有成文的、书面化的程序规则，以非人格化的方式遵守这些规则；科层制包含严格的等级结构，工人知道自己对谁负责、明确个人的职责；对工人的雇佣是基于其训练和能力，而不是其社会关系；要求在工作中投入全部的注意力；为了达到更高的效率，它们处在一个连续的变化过程中。韦伯预言，科层制将会遍及现代社会所有领域，因为它的组织优势会使它成为最有效率的权威形式。

商业依靠科层制进行每天的理性、定量的计算，测算生产率以及估算成本效益比。马克·戴西在亚马逊网站就有过这种量化工作的经验，那里通过测量每次通话的时间、每小时的电话业务量、处理每封顾客电子邮件花费的时间、每小时的电子邮件业务量、电话业务和电子邮件业务的总数来计算成本效益比。然而，可悲的是，度量工作之所以能做到如此精确，是因为它剥夺了尊严——因此，它才有可能清楚地看到谁的成本增加了、谁的成本没增加。当工人的表现被仅仅以数字计算的时候，被计算的那部分自我也就是对于工作必不可少的那部分。被认为对工作不必要的那部分自我，比如情感需求和家庭责任，则作为无关紧要的东西被忽略了。

当然，我们所有人都遇到过看起来有反功能的科层制，但是科层制反对无效率，并且真正的科层制会努力进行自我修正。例如，面对工人的怠工和不断下降的工作效率，早期的科层制管理者意识到，不能完全无视工人的情感需求。各种管理学校（如人力资源管理和全面质量管理）纷纷涌现出来，试图在车间内确立有意义的关系从而提高生产率。现在，车间变成了一个更有家庭氛围和友情的环境，管理者相信，帮助工人满足一切需求可以提高生产率。作为理性计算的结果，工人得到关心和重视也开始被制度化。

尽管存在这种自我纠正机制，然而，韦伯并没有感到这个科层制的世界特别振奋人心。因为它是一种地位体制而不是人的体制，个体的价值被严重降低了。我们变成了科层制机器上的一个个齿轮。韦伯说，我们生活在一个"铁笼"里，他的意思是：超越科层制非人性化后果的唯一方式，就是更加高效率从而更加科层化。

在这里，韦伯与马克思和涂尔干的分歧十分明显。马克思和涂尔干对美好的未来充满信心，持有那个时代共同的信念，即历史会朝向进步的方向发展。与其相反，韦伯则较早地发出了警告的声音：20世纪可能并不会带来肯定的、无限的进步。他的警告已为20世纪的历史发展所证明。

权力的来源

我们已经看到，韦伯超越了马克思的理论，他强调观念的重要性，并认为我们的思维影响着我们的行动。韦伯还发展了马克思的理论，他不反对马克思提出的控制经济资源至关重要的理论，但他认为，经济资源不是唯一重要的资源。韦伯把三种类型的资源（阶级、地位和党派）联系起来提出了权力的多维观，这比马克思的单纯基于生产资料占有的一元模型更有普适性。韦伯提出，经济资源、社会资源和组织资源，在决定谁拥有权力上都很重要。我们在社会中所处的地位，就是由我们对这三种资源的拥有状况决定的。

阶级

对韦伯来说，**阶级**是一个经济或物质变量。它包括两个主要要素：拥有经济资源（包括生产资料）和在市场中的技术知识（例如，你所知道的）。首先，阶级意味着你拥有多少财富。那些拥有大量金钱、财产或土地的人，比没有这些东西的人阶级地位高。其次，阶级意味着你知道什么和你能做什么。那些做事由别人付给报酬的人，尤其是这些技术是稀缺而急需的，他们的阶级地位就高于那些没有技术的人。

基于对经济资源的占有而获得的权力，与马克思的观点相同，并且，韦伯发现这种控制是权力的决定因素：控制经济资源的人，大多数比控制其他资源的人拥有更大的权力。至于技术知识，马克思认为，在资本主义制度下，由于机械化和去技术性，它会变得无关紧要。但韦伯则坚持认为，技术知识还会继续是有价值的。20世纪服务业的兴起和知识经济的出现，证明了韦伯的论断。技术、知识和能力水平较高的人，比起那些只有基本技术水平的人，可以获得更高的报酬。学生上大学的一个重要原因就是提高技能，从而在进入劳动力市场时具有竞争优势并获得一份较好的工作。因此，即使那些没有生产资料的人也可以获得有潜在价值的经济资源，如果他们有时间和金钱去提高其技能的话。

地位

地位是一个社会变量。地位是基于职业声望、道德身份和／或接近拥有其他权力的人的社会等级。地位不是你从别人那里拿来多少就拥有多少的东西，你能够（或不能）运用基于地位的权力，取决于别人如何看待你。宗教领袖就是一个很好的例子。他们拥有权力和权威，不是因为他们控制了经济资源（虽然有的宗教领袖确实控制了经济资源），而是因为人们尊敬并听从于他们。

从社会意义上讲，可能我们作为成年人被问的关于地位的一个最重要的问题就是："你是做什么的？"人们问这个问题的实际意思是:"你有一份什么样的工作?"知道了别人的工作,我们就能知道他们相对于别人的地位等级。职业声望得分表,反映了相对稳定的职业等级。例如,医生和律师一直排在靠近声望表顶端的位置;毒枭则总是排在靠近底端的位置,即使他们比医生和律师赚的钱更多。这些地位等级之所以重要,是因为它们是权力的证明,它们既可以为我们打开也可以关上权力的大门。

我们对一个人的地位的了解,也会影响我们在与其打交道时,会做出什么样的举动和采用什么样的说话方式。知道对方的地位,减少了在社交场合失态的可能性,并有助于展开轻松的交谈。比如,当有人问起我的职业时,能最好地体现我的地位的回答是"我是一名大学教授"。教授在所有职业中一直享有很高的声望。但是学科之间也有等级,因此有些学科的地位会高于其他学科。当有人问我教什么科目时,如果我回答"社会学",他们对我所处社会地位的理解,通常会明显地表现在他们的反应中。有的人不知道社会学的意思,有的人似乎对我教的不是其他更重要的科目(如物理学、商业管理或心理学)而感到失望,有的人说他们选过社会学的课,还有的人则会把谈话引入时事、政治学、人口学或一些他们猜测一个社会学教授会感兴趣的话题。

正如这个例子所说明的,地位是一个群体变量,而不仅仅是一个个人荣誉。我们"有地位",是因为我们是在某一类别的人群(教授、毒贩子、护士、牧师、全职妈妈,等等)中与其他人发生着联系。也就是说,我们是"地位群体"的一分子。地位群体包括职业群体、年龄群体、宗教群体、种族群体、政治群体、滑雪俱乐部、兄弟会/姐妹会、服务群体，以及其他许多群体。属于这些群体的成员或与这些群体有联系的人们，往往有着类似的语言、观念、信仰、知识和习惯。韦伯把具有相同地位的群体成员共享的东西称为"生活方式"。对于这些群体中的人们看起来像什么、做什么以及他们怎样适应社会文化，我们头脑中会有一种印象（通常是一种刻板印象）。这种印象会影响我们对他人的尊重程度，并会影响到我们是否愿意做别人请求我们做的事。换言之，一个人的地位体现着其权力。

党派

党派是指组织起来实现某个特定目标的能力。它的含义跟我们谈的政党相似。对韦伯来说，党派对于任何想组织起来的人都是一个可能的资源。工会是一个典型的群体把党派作为资源的例子。他们的力量来自成员之间的团结。不足为奇，工会口号和会歌反映了组织的重要性。

令我吃惊的是，很少有群体去利用党派资源。然而，如果考虑到我们所处的是一个个体化社会，我想我不应该对此感到惊讶。我经常告诉我的学生，他们可以组织起来做自己想做的事。我们可以选一个大多数在校大学生都关心的问题，我喜欢说的一个问题是学费上涨。如果一个学生跑到校长办公室反对学费上涨，反响肯定微不足道。然而，作为一个有组织的群体，学生就能获得经济权力（特别是在那些很小的大学里）提出降低学费的要求。因为他们的经济资源对学校来说很重要，所以学生可以通过威胁，如果他们的要求得不到满足就不交学费，争取在学校制定预算的过程中表达自己的呼声。但是，学生组织起来的一个障碍是学生只是学校的匆匆过客，最多在校待满四年；而学校管理者和教职工则是长期在学校里，并把组织优势贯彻到学校的组织结构中。尽管如此，把学生组织起来仍然可以带来真正的变革。这方面的一个例子就是"哈佛最低生活费运动"，学生们成功地组织起来，让哈佛大学给所有成员都发了至少一笔生活费。

另外，阶级、地位和党派还可以结合起来使权力最大化。正如韦伯看到的，那些缺乏经济资源和社会资源的人，比拥有其他资源的人更难于组织起来。对一种权力资源的控制，可以用于增加其他资源。那些控制了阶级和地位资源的人，通常可以更好地组织起来（利用党派资源）确保他们的意愿得以实现。但是，事情也并不总是如此。社会运动经常运用组织力量来改善其成员的经济地位和社会地位。他们缺少经济和社会资源，使得有效的组织成为最重要的事情。民权运动就是这方面一个典型的例子。韦伯的模型有助于解释小马丁·路德·金为什么坚持把非暴力作为保持组织统一的策略，从而消解了占支配地位的社会阶级的经济和社会权力。

观念、权力和行动

从韦伯那里我们了解到了思想观念的重要性。我们可以改变自己的想法，换种思维方式，因此也就能够换种行动方式。当然，只是改变思维方式，设想一种新的结构，远远不够。其他资源（包括经济资源、社会资源和组织资源）的分配，仍然影响着谁拥有权力。

理解权力的运作——不管是马克思的占有生产资料，还是韦伯的阶级、地位和党派——都会启发我们看到我们可能不曾认识到的权力。犬儒主义和绝望是维持现状的工具。但是社会学则给了我们改变原有事物方式的一个重要工具——希望。

当我们在一个较大的社会图景中去理解为什么我们会那样想和那样做时，我们就能更好地理解改变现状的可能性。涂尔干和马克思强调结构和社会地位的影响，韦伯则提出我们的思想和行动并不是简单地被我们的社会或经济地位所决定。在下一章，我们将沿着韦伯的指引，描述一种通过我们的日常行动建构现实的社会学途径，它表明，拥有足够的知识，我们就可以选择另一种行动方式。

思考题

1. 为什么"资本主义精神"对资本主义的形成是必需的?

2. 在什么意义上我们可以把国内到处可见的强迫劳动看做韦伯描述的"资本主义精神"?

3. 韦伯的权力定义与马克思的有什么区别?

4. 按照韦伯的三种权威类型,分别举一个你自己服从他人的例子。如果每个例子中的权威类型用于其他两种类型,这些例子会发生什么变化?

5. 为什么韦伯对科层制社会的生活如此悲观?

6. "党派"从什么意义上讲对所有人都是一种潜在资源?为什么它对缺乏社会权力的群体格外重要?为什么这些群体在运用它时会遇到障碍?

[第七章]

自我与社会

现实的社会建构

　　午夜时分，我和洛丽突然被一声悲凄、恐惧的呼叫声吓醒——"妈妈！爸爸！"这是梦中受到惊吓的埃莉诺在呼喊，她深信魔鬼潜藏在周围并且她现在处于危险之中。尽管我们都很累了，尽管我很想冲她高喊一声"别犯傻了，连个鬼影都没有，赶紧回到床上睡觉"，但是我们并没有这样做，相反，我们中的一人赶忙从床上爬起来去安慰她。因为在这种情况下，向她解释事实上魔鬼并不存在并没有什么用。受惊吓的她坚信自己的判断是正确的。就这个问题，我们之前也曾做过讨论，当时她告诉我"你是不会明白的"，她对此深信不疑。但我并不这么认为。我知道所谓的魔鬼都是想象出来的，但是一般孩子都会害怕这些，帮助孩子克服这种恐怖心理，正是为人父母的我的职责。尽管从她的角度来说，她已经足够大了，应该能明白发生在人们身上一些不好的事情，比如说，人们会生病、会失踪、会死亡，不过对于这类事情，大人们往往也难以做出令人信服的解释。对于她来说，她深信这些就是魔鬼存在的最好证据，若非如此，还有什么能做出更好的解释呢？

本章我们将重点分析认知的重要性、我们所认为的事物是真实的之重要性，以及它如何影响到我们怎样去思考和行动。我们依据已有的看法去行事，而我们所拥有的看法则是我们关于现实的社会建构的产物。从涂尔干、马克思和韦伯这"三巨头"那里，我们得知了塑造我们生活的动力机制，这些机制包括社会整合、劳动力与技术革新、权力与资源等因素。在极大程度上，"三巨头"是以一种"自上而下"的角度来进行社会学分析，即认为他们可以超越或者存在于社会之外并能为人们提供认识"正在发生什么"的绝佳视角。尽管韦伯已经开始脱离这种对"社会"的客观化倾向，但是直到十年之后，其他社会学家才开始强调个人行动而非社会的重要性。他们指出，是人，而非社会，在行动。从这一视角出发，社会作为实体并不存在。它是由集体观念、信仰、知识及个体行动等所构成的。"社会"只是我们用来描述集体大众时一个比较方便的术语而已。

当关注点转向个体及其行动时，我们就会更直接关心这一问题，"个体与我们的社会之间的关系是怎样的？"这一章，在社会学家彼得·伯格和托马斯·勒克曼研究的基础上，我们将集中讨论这一关系的三个较大的方面。他们合做出版了一本非常有影响力的著作《现实的社会建构》，提出了所谓"世界建构"的三阶段模型。这一模型认为，个体与社会相互依赖相互关联。这三个阶段包括：

1. **建构文化**。我们建构世界，因为我们人类缺乏天生的、生物的复杂本能去决定如何处理跟其他人及周围世界的关系；为了建立秩序和意义，人类就创造出工具、语言、观念、信仰、行为准则等。

2. **建构自我**。我们成为我们创造的世界的产物。每次我们进入一个新的社会世界（比如说出生、升入大学、新工作的第一天、婚姻等），我们并不是从零开始的，而是受前人创造出来的工具、观念以及行为准则等影响的。通过与他人的互动，我们与他人分享彼此的观念和经历，并从中习得了如何思考与行动。总之，我们是被我们建构出来的特定文化束缚着的。

3. **建构社会**。介于前两个阶段之间的是社会的建构，在这一建构中，我们分享我们与他人共同创造的文化，这种文化一经分享，作为个体的我们就失去了对它的控制。它再也不是"我"能控制的东西，而是存在于"我们"之中。作为我们共识的结果，它看起来比较坚实、真实或自然，尽管最初是我们创造出来的。想到它的一种方式就是认为它变成了一种环境、一种社会世界，或是一种我们生活其中的结构。最终，我们会认为它本来就是"存在"的。

简单来说，**现实的社会建构**包括目标物、知识及行为准则的建构，它们被我们集体共享。这些被创造出来的产物，会塑造或限制我们的观念和行动。其结果就是社会互动、集体行为所需要的可预测性及秩序。本章的其他部分就是围绕这三个阶段组织的，这样我们就可以更好地理解我们创造社会及社会塑造我们的方式。

建构文化

作为人类，我们缺乏其他动物所具有的复杂本能，但与其他动物不同的是，我们可以做出自己的选择。伴随这种自由而来的问题是，它使得个体的生存变得不稳定。如果我们与社会中的其他成员有着不一致的话语、思想、计划及行动，我们就会被孤立，这样一来我们也就只能依靠自身资源去生存。至于被隔离后所存在的困难，从前面所提到的涂尔干和汉堡包的例子中我们可以清晰地看出。为了使可以给我们提供保护的集体行动便利运行，我们建构出了文化。团结起来的我们，远远强大于彼此孤立的我们，并且彼此共享的文化使得沟通和集体行动也成为可能。此外，文化还可以提供我们所期望的稳定性。

文化是我们人类在确立跟自然界以及社会中的其他成员之间关系时建构的所有东西的总和，它是我们借以同存在于我们自身之外的世界发生联系的方式，它包括我们生存其中的社会的所有有形与无形的、过去与现在的产物。这里我们将会分析文化的三个主要组成部分：物质文化（包括我们对自然界的改造物）、认知文化（包括语言、观念、信仰与知识等）和规范文化（这种文化为我们的行为提供准则）。

物质文化：人类技术

文化的第一种类型是**物质文化**，包括人类创造和使用的所有对象，在最广泛的意义上，它也包括工具和技术。尽管我们可能会认为"高科技"发明（如电脑、汽车和飞机等）肯定是物质文化的组成部分，但是物质文化也包括"低科技"产品。看上去非常简单的物品，像铅笔、餐具之类，也体现了人类创新在人类历史中所起的重要作用。

从社会学的角度来说，物质文化的重要意义在于：它在把人们之间以及把人们同外在环境联系起来这一过程中所起的作用。事物只有在与其他事物相联系并存在于一定的社会框架中才有意义。在孤立的意义上，一支铅笔并不是铅笔，只有在书写这种文化背景中铅笔才具有真实的意义。然而，我们创造的事物最终也会限制我们。物质文化使得我们以共同期望的方式生活变得更加容易，但它同时也限制了我们所能做出的选择。

认知文化：语言、观念、信仰与知识

文化的第二种类型是**认知文化**，它是指关于现实的思想和符号表达，它包括我们相信的、重视的甚至是我们思考且知道的所有对象。认知文化最基本的组成部分还是语言——它是人类最重要的文化创造物，所有社会成员都依赖于它。

语言是一种共享的符号体系，其意义是集体持有的。在互动双方互不了解对方语言的情况下，所用词汇都不具有交流意义，因为我们并不共享那些可以使我们理解词语发音意义的符号意义。语言的社会意义是至关重要的。语言是社会建构出来的，因此它是一个开放的体系。我们可以也必须创造一些新词，同时则应调整原有词汇所代表的已经过时的意义，尤其是在我们现在所处的这样一个强调创新的现代的、资本主义的、有机的、技术性的文化氛围中。为了收录一些新的词语，词典也在不断进行修订。

尽管我们创造了词语和语言符号，但是一旦创造并共享了某种语言，它就会影响我们的所思所做。根据**萨丕尔－沃尔夫假设**，一个人所用的语言会形塑他/她对现实的感知，进而影响他/她的思想和行动。我们创造的语言限制了我们所能见到的现实，从而也限制了我们有可能做出的选择。

对认知文化而言，语言是最基本的但却不是唯一的组成部分。认知文化包含我们集体创造的所有的符号、思想、信念与知识；它包含关于现实的一些共享的观念，比如对语言来说，观念和物体的意义依赖于其所存在的社会背景。这里我们以**价值观**——它是我们社会群体所认为的好坏、真假、善恶等东西——为例。当我们说到"美国价值观念"时，我们是指我们集体信任的共享的观念，比如自由、民主、工作、进取、家庭等。我们的文化倾向于强调个人主义。就连我们所说的"美国梦"，也描述了这样一种画面，即个人通过努力工作，并最终依靠自身的努力和能力"实现"了自己的梦想。具有讽刺意义的是，这种个人主义取向也是一种集体共有的价值观念。正如美国评论家罗德里格斯指出的："美国的个人主义是一种集体持有的价值观念，而并非个体性的表现。十几岁的青少年坚持与父母'做对'，坚持与传统或习俗'做对'，因为他/她受美国文化中的常识(即他/她继承了他/她故去的祖辈们以及活着的父母的反抗性)的庇护(蒙蔽、迷糊、麻醉)。"我们甚至也可以说美国文化中的个人主义之所以一直存在并发展到现今这种程度,是因为我们建构了一个鼓励个人主义的结构。

尽管价值观有助于我们达成文化认同,但它通常是一般性的,并会随着时间和空间的变化而变化。例如,我们重视家庭及个人主义,但当我们的个人期望与家庭职责发生冲突时,我们该怎么办?诉诸价值观念不可能帮助我们解决这一争论,因为我们可以根据我们追求的价值观念来决定何种行动是正当的,以及我们可以选择如何去定义它们。这就是说,价值观念与行动是绝对不能分开的。当人们奉行某种价值观念时,我们应该知道是谁、在何种情境下、为了何种目的而奉行。

规范文化:行为的规则

文化的第三种类型是**规范文化**,它是指我们所共享的行为准则。一旦被共享,**规范**就会为我们提供理所当然的指导,去决定可能做出的行动与互动。我们所做的事,无论公事私事,都是由形塑我们行动的社会准则指引的。事实上,规范使我们的行动变得可以预测,为我们提供了秩序的规范,使得我们的日常生活变得更加轻松便利。因为不会从我们的基因那里得到类似的指引,所以我们发展出一些基本准则去指引我们的生活,从而使生活变得更便利和可预测。

这种行为准则最明显的例子就是**伦常——大规范**。它是被集体共享的严格的规范，包含"你不能……（杀人、抢劫、同类相食、在公众场合性交等）"。我们能很快地习得这些伦常，而且在极大程度上对我们所有人而言都是如此。我们通常认为，人们都会严格遵守这些伦常，否则将会受到非常严厉的惩罚。**习俗**是另一种类型的规范，它也为我们的日常生活提供一般的指引，但在如何遵守它们上允许我们有所变通。与伦常不同，习俗可以容忍较多的个体偏向，比如，我们可以选择穿什么样的衣服（这是一种习俗），但在公共场合我们必须要穿衣服（这是一种伦常）。

知道该遵守何种类型的规范，以及什么时候遵守，可能是一个有一定难度的问题，因为规范是社会建构出来指引我们行为的，而行为则具有社会应变性。因此，即使是"大规范"的执行，也要依赖于特定的背景。甚至"你不能杀人……"这一规范也不一定总是适用。事实上，我们经常说，换位思考是我们的道德职责（一如正当防卫或战争）。因此，尽管规范可以为我们提供秩序，但即便不是不可能，要编写一本书以指导我们在所有情境中去做出适当的反应也是非常困难的。所以提及规范，我们决不能忽视的因素就是背景。以超速驾驶为例，即使知道这是违法的，但是每个人都仍在超速行驶。

规范很大程度上是无形的，无论是大规范还是小规范，但当人们违反这些规范时，它们的存在就变得明显了。对"大规范"的违反，通常会带来快速的、严厉的反应，例如被判入狱或死刑等（检验规范存在程度大小的一个方式，就是看在违犯它之后会有何种反应）。但即使违背了较小的规范，也会带来明显的、严厉的反应。规范提供了使我们的生活有秩序的标准,事实上,当规范变得模棱两可,社会秩序离土崩瓦解也就没有多远了。

通过对文化(包含规范文化、认知文化和物质文化)的社会建构,我们得以理解周围世界,甚至可以说是我们创造了周围世界。文化可以提供生物学意义上缺乏的秩序、意义和指引。我们甚至可以创造规则或规范去帮助我们表现最贴近人类自然本性的行动。

建构自我

尽管是我们创造了文化,但我们同时也受我们(以及先人)所创造的文化影响。换句话说,我们也是我们所创造的文化的产物。**社会化**就是我们共同创造的世界形塑个体的思维及行动的过程。作为个体的我们,内化了我们共同建构的物质文化、认知文化与规范文化。

关于我们的行为在多大程度上取决于生物因素("天性")或者社会因素("教化")这一问题,已有很长时间的哲学争论。社会学家肯定"天性"的作用,但在根本上则倾向于教化论一边。社会学家通常认为我们之所以成为我们自身,主要是因为那些形塑了我们的观念和行动的社会互动和经历。

通过社会化,我们习得我们的文化中适当的思维和行动方式。但是,什么是"适当的"这一点,并不仅仅由宏观文化背景决定,而是同时还由我们在这一文化中所处的社会地位来决定。从社会学角度来说，当我们问及我们是谁时，其本质就是问我们处在何种地位。这里的地位包含诸如身体特征、我们所拥有的社会地位，以及我们在人口统计学上的特征等等。

社会性别的社会化：学会扔东西

　　社会地位对我们界定自我有着非常巨大的影响力，社会性别就是其中的一个例子。孩子出生后，我们经常会问"是男孩还是女孩？"之所以这么问，是因为我们想知道该如何与孩子及其父母互动，做父母的一般都会尽力正确地引导人们。我们的女儿们六个月大的时候，我们带她们去西尔斯照相，在那里，我发现父母们如何打扮自己的子女是件很有意思的事情。女孩子们一般都会穿着带有丝带和蝴蝶结的荷叶边衣服，男孩子们则穿着运动主题的套装及运动鞋或运动靴。很明显，父母们不想让自己的孩子在性别问题产生任何混乱。

　　社会性别的社会化贯穿我们生命的始终。孩子们相当早就开始学习与其性别相适应的行为准则。人们一般都会假定：男孩和女孩之所以会有不同的行事方式，是由他们／她们与生俱来的生物因素的不同造成的。但是我们现在已经知道：即使看起来明显属于生理性的方面，其实也和社会化过程有着不小的联系。

自我和社会

　　为了分析社会和我们在其中的地位对我们影响的程度，我们需要"自我"这一概念。**自我**就是构成个体的特征和经验的综合体，它包括我们对自己是谁的认识。从社会学意义上来说,"自我"这一概念超出了人的身体所包含的东西。它包括社会纽带关系,这一关系提供了使我们知道我们是谁所必需的背景。

如果让你用一句话来回答"我是谁"这个问题,你将如何应对?当我要求学生回答这个问题时,答案大多集中于社会性特征和我们的社会关系。例如,你可以回答出你的名字,但是你的名字通常都会带有你家庭的特点,从而使你置于和别人的关系中。如果你给出一些身体特征,这些特征通常也会表现出你与那些相似和相异的人的关系(例如,高或矮、金黄色还是浅黑色)。相似的特征比如灵巧或缄默,有同情心或冷漠,只有在你把自己同其他相似或相异的人作比较时才有意义。我们把他人当做自己的标尺,来使我们明白自己是谁。

这个关于自我的社会性或者关系性概念,与在美国占据主导地位的独立自我意识("粗俗的个人主义"、"我是我自己"、"我行我素"等)是相互对立的。但若以为可以把我们自己从我们与他人的关系中分离出来,则是很困难的。即使是被隔离意义上的自我,也只有在同未被隔离的自我建立关系时才有意义。

镜中我

当我们分析与他人相遇会发生什么时,我们就能认识到自我。为了通过互动理解自我,美国社会学家查尔斯·库利提出了"**镜中我**"这一概念,或者用更加当代的语言来说,就是"**反身自我**"。他解释了别人如何提供了一面镜子，我们通过镜子按以下三步知道我们的自我：

1. 我们设想我们在他人面前怎样表现——但实际并不知道他们会怎样理解我们。我们利用我们所能想到的任何觉得可能是相关的信息来进行想象。

2. 我们设想他人将会怎样判断对我们的认识。换句话说，我们不仅试图知道他人怎么看我们，还试图知道他人是否认可我们。

3. 我们根据我们所设想的他人会如何评价我们认为他们所看到的东西，来判断我们的自我。我们通过内化我们认为他人将会产生的对我们的反应而拥有了自我。

这看起来有些像是一个令人费解的过程：我们是谁并不是简单地依据他人如何想而定——不仅依据我们认为他人会怎样想，还依据我们认为他人会如何思考我们自己的想法。所以，重要的一点是，认知在我们的自我发展中具有重要作用。我们的自我概念很大程度上是由我们同他人的互动塑造的，并且在自我和社会之间存在明显的相互影响。发展自身猜想他人正在想什么这种能力，对于我们与他人的互动来说是非常重要的。

主我和客我

库利的观点强调社会对自我的影响，但一些社会学家则认为他的自我概念"过度社会化"了。美国社会学家米德扩展了库利的模型，他把自我分为两部分，"主我"和"客我"。**主我**（I）是行动着的我们的一部分——是对他人态度的机体反应。**客我**（Me）则规划行动并判断我们接着该怎么做，这是自我社会化了的一部分。就像米德指出的，客我就是"一个人自己假想的他人的一组态度"。它是我们脑海中的社会。某种程度上，客我体现了我们的社会意识。

主我和客我之间相互作用的例子，就像一块你想穿过的刚刚被雪花覆盖的地方或者一片平坦的沙滩。客我计划以直线方式穿过。主我则开始迈步（总受客我指挥，客我努力使主我走笔直的直线）。当穿过之后，你回头看时，又是客我在决定你该怎么做。（如果你曾做过与此相似的事情，你就知道通常你走的路线并不很直。）客我做计划，主我行动，然后客我评判。

米德关于自我观点的一个优点就是"有他人在场"。它强调了能动性的重要性。作为个体，我们经常要在无数可能的选项中做出选择。我们并不仅仅像库利所陈述的，是完全跟他人互动和受他人影响的综合体。我们在行动，或者更确切地说，或许我应该说是我在行动和你在行动。因为事实是："我们"从不行动，尽管你和我可能会一块行动。

客我的发展需要时间,这是成长过程中的一部分。当孩子们小的时候，他们的头脑中丝毫没有社会的概念。他们没有内部指导、社会规划，来使他们预测和评判行动。相反，他们仅仅是以自己为中心简单地在物体间移动，根本不关心社会世界是一体的。这就是米德所谓的"耍玩"阶段。此时，孩子的行动中极少考虑连续性或者他人的行动或认识。相反，在"游戏"阶段，孩子就会考虑他人的期望和对他人的责任。

当教孩子们玩类似足球之类的团体项目时，孩子们从耍玩到游戏阶段的转变非常明显。年龄小的孩子想去玩的地方，就是有球的地方。当他们学习时，你常常会发现，在场上出现一个进球后一堆孩子在相互追逐或者都涌向一边。他们还没有认识到不同的人有不同的站位，不知道如果每个人都打好安排给他的位置，一个团队将更加成功。这种谁应该在什么地方、谁应该做什么的规划，是我们头脑中另一种形式的社会。米德将这种规划称为**一般化他人**，即我们共有的对他人所占据位置以及基于这些位置所期望的行动的认识。一般化他人至关重要，因为正是通过它，我们知道了我们是谁。

当我们发展我们的自我时，我们就从一个没有深植于大的社会结构中的自由流动的行动，转变到了限制我们选择的更富有结构性和组织性的行动。当我女儿埃莉诺五岁的时候，她有时会假扮成一只到处爬行和狂叫的小狗。这种行为是很可爱的，但在大多数公众场合，这对于成人或者是稍微大一点的孩子都不适合。最后，埃莉诺内化了一种一般化他人的意识，并认识到在特定场合下什么行为是合适的。她还认识到她要以一种特殊方式行动，并且她也要相信他人并去做别人期望她做的事情。通过同他人的互动，我们才知道自我。

某种意义上，社会就是一个大的游戏，社会学的任务就是把它弄清楚，尽力去理解它。作为个体，我们制定了规则（文化创造）并教他人认识它们（社会化）。没有规则，就没有游戏。问题是，一旦我们制定了规则，它们就超越了我们个体的控制。它们会存在于那些做游戏的他人的集体意识中。为了改变规则，你必须改变所有（或是足够多）游戏者的观念。这将是一个困难的工作，因为规则被创造出来首先就是为了限制各种可能性的（通过提供结构和秩序），而改变则意味着允许存在各种可能性。

建构社会

尽管不是所有社会学家都接受社会是一个真实的、客观事物的观点，但当我们试图弄明白我们为什么会行动以及为什么会按照一定的方式思考时，社会和社会结构的概念仍然非常有用。

社会结构的层次

分析社会结构的方式之一，就是观察社会的一些组成部分。我们的行动不是随意的，它们是模式化的，因为我们行动的方式早已被社会化了。通过这种关系，我们被社会化的同时也被模式化了。因此我们可以说，社会也被模式化了。我们在这里分析的社会结构三层次，依次是地位、群体和制度。我们先从个体层次（或微观层次）开始，然后我们逐渐转向更广的宏观层次。

地位和角色

在社会学意义上，组成社会的基石之一就是**地位**，它是指我们相对于他人在社会中所占有的位置。在通常的用法中，"地位"是指在他人眼中一个人获得的声望有多高。对社会学家来说，地位确实包括声望，但它更多的是指社会位置之间的关系。这些位置存在于占据它们的个体之外，代表着我们适合的类别。父母、学生、雇员和消费者都是这类地位的例子。地位只有在与其他地位相关联时才有意义。如父母之于孩子，学生之于老师，雇员之于老板，消费者之于生产商。

地位总是意味着权利和义务。具有一定地位的人被期望以一种适当的方式行事，这并不是因为他们作为个体是谁，而是因为他们所占有的位置。社会学家用**角色**这一术语来指示地位占有者所被期望的行动。我们占有某一地位，同时就扮演某一角色。地位与位置相关，角色则与行动相关。例如，你的地位可能是学生，那么你的角色期望就是认真读书。

首属群体和次属群体

地位的结合体被称作社会群体。一个**社会群体**包括一组相互联系的地位和一个标明群体内外的分界线。一个群体不是在同一地方偶然碰到一起的一群人（这被称作一个社会集合体）。群体可以是秘密的，也可以是正式的，规模可小可大，形式或简单或复杂都无关紧要，但是他们必须结合或依靠在一起，他们这样做是因为他们是由相互联系的地位及相关的角色组成的。公司、俱乐部和大学班级都是这类社会群体的例子。

在现代社会,社会学家区分了首属群体和次属群体。**首属群体**不太正式,但却是关系亲密、持久的并使我们的整个自我完全融入其中。**次属群体**则相反,它更加正式、关系不亲密、是更加工具性的关系,我们的自我仅有一小部分融入其中。家庭和朋友圈是典型的首属群体,社会学课堂和公司群体或部门则是次属群体的典型代表。

处在传统社会的人们,如门诺人,在他们生命的大部分时间里,比现代社会的人更多地生活在首属群体的环境中。在现代社会,我们与他人的交往,大多发生在次属群体的环境中。例如,当我们遇到一个与我们日常交往并不多的合作者时,我们也会一起交谈,但是除非我们在其他一些首属群体的环境中了解他或者她,否则这种交谈将只会停留在表面层次。一些话题是专为朋友和家人保留的。

制度

处在社会群体层次之上的,就是社会学家所称的制度。**制度**包括相互联系的社会群体,以及他们的地位和角色,目的是实现某些领域的社会需要。制度与其说是一个实体,不如说是一个社会学的发明。但当我们分析我们所处的关系网时会发现,这个概念还是很有用的。

按照经典的划分法,现代社会有五类重要制度:1.**家庭**:与生物和社会再生产有关,包括生育孩子并教给他们生存所需要的文化,以及照顾和保护家庭成员等的群体、地位和角色。2.**教育**:与讲授更多的我们参与到家庭之外的更大社会所需要的正式和公开文化(如历史、知识和技能）有关的群体、地位和角色。3.**政府**：与通过法律、警察、外交等保持社会内外部的社会秩序有关的群体、地位和角色。4.**经济**：与商品和服务的生产、分配、消费有关的群体、地位和角色。5.**宗教**：与对终极意义的追求和社会稳定或是社会"凝聚"在一起有关的群体、地位和角色。

尽管这些制度都是被单列出来，但是我们应该记住，我们的"制度"经历可不是彼此分开的，例如，我们在家庭和工作领域的经历是相互交叉、相互影响的，其他制度领域同样如此。

自我、社会与认识

社会是由这些结构部分组成的，为了工作上的社会互动，我们必须在这些结构中具有共同的对现实的认识。"社会"的存在建立在信念的基础之上。我们相信我们对社会的认识，与他人头脑中的认识足够相似，因而可以进行互动。我们相信其他人将会做好别人期待他们做的工作。然后我们将会在这些认识的基础上行动。这种存在于我们内部和外部的期望和行动之间简单的关系，就是社会学观点中最基本的洞见之一"托马斯定理"：我们以我们认为是真实的东西（即使它与现实本身相反）为基础去行事。

托马斯定理对社会有几个主要结果。如果我们与他人具有共同的思维和行动，我们将会轻松地实现我们所追求的目标。如果我们相信他人能够按期望去做，我们就可以只关注我们所应做的事情而不用担心其他人做什么。这种信念在一个具有高度社会分工的社会中非常重要。但正如涂尔干指出的，当我们和那些与我们做事不同的人仅有有限的社会联系时，要维持这种信念是很难的。

规划我们的世界

根据社会学的观点，社会既存在于我们之外（在他人的观念中，在我们帮助建构的结构中），又存在于我们之内（我们的建构，我们的认识，我们的判断）。尽管人们倾向于认为社会学更关注社会结构，但个体显然才是根本所在。如果我们想把社会具体化，或者对社会包含的各部分做一个概括，我们就需要一种可以把社会结构和个体行动结合起来的方法。或许有两个模型可以帮助我们把自我与社会之间相互联系的关系更好地具体化。在把这种关系模型化的过程中，我们或者从个体出发，再上升到社会，或者从社会开始，再回到个体。

从社会到自我：剧本中的生活

就像我们已经看到的，许多社会学家，如涂尔干和马克思，喜欢用自上而下的观点提出我们怎样和为什么会以我们所采用的方式去行动和思考这样的问题。这种分析思路是从大的社会结构开始，然后去具体分析社会中有限的构成要素，最后终止于个体行动的层面。例如，想象以个体作为中心，以社会作为最外面的圆环的一组同心圈，在社会圈内的是制度，在制度圈内的是社会群体，在群体内的是地位，位于中心的是扮演着与那些地位相关角色的个体。

从自我到社会：拟剧论

另外一个用来解释我们为什么会照我们所做的那样去做及照我们所想的那样去想的分析思路，是从个人的视角出发。与由上而下的方法强调外部结构不同，这种由下而上的分析思路，把结构看做是个人行动的结果。

社会学家戈夫曼（Erving Goffman）提供了这种由下而上分析思路的社会学的例子。他称自己的分析为"拟剧论"，认为我们所研究的互动就像我们都是舞台上的演员一样。根据戈夫曼的理论，在我们日常所有的互动中，我们都在努力进行成功的表演，就和在戏剧中的演出一样。我们始终都是根据剧本，在后台准备，在前台表演。我们使用适当的道具使我们的表演更逼真，使人物更可信。尽管有即兴表演，但是我们总是努力使表演的人物有极大的可信度。为了进行成功的表演，也需要我们和一些演员一起作为一个团队工作。最终我们会在观众面前表演，观众则会给我们的表演打分。

这种不连贯给我们显示了互动的不稳定性。作为个体，我们首先创造了社会结构，当发现它被打乱时，我们会尽最大努力在最短的时间内使它复原。这种反应表示社会秩序来源于个体的行动，而并非简单地起源于强加给个体的外部社会力量和内部遗传的本能。根据这种"由下而上"的思路规划的社会世界（尽管社会可能看起来是真实的），是我们日常表演的动态结果。我们并不像机器人一样遵守社会的指令，而是主动地、连续地参与到构建社会的活动中。

第七章 自我与社会

理解我们的选择：结构和选择

在美国，我们并不完全赞同这样一种理念，即我们所说的、我们所做的，甚至包括我们所想的，都是由外在于我们自身的力量决定的。但是，尽管不能十分肯定地说我们个人的行动是由社会结构决定的，但是我们的选择受到限制却是千真万确的事实。至今我仍记得我从爸爸那里得到的"选择话语"，并且他提醒了我很多次，那时我还在上高中。他努力使我明白，在某一时点选择了一些路径，就意味着之后切断了其他可能的路径。那时我还不能确定我要走他所关心的哪条路，但在某种程度上，这也是我开始获得的一个社会学观点。尽管从理论上来说，所有选择都可能向我们敞开（在任何地点，我们可以以任何方式选择行动），但是我们所嵌入的社会结构以及我们已得到的作为我们位置的结果的相关资源，总是在影响着我们的行动。

然而，即便如此，我们仍然可以选择以新的方式行动和思考，并建构新的文化。在我们现今的多元世界中，这种变通的可能性将会表现得更加明显。我们的世界是由不同的结构、家庭以及宗教组成的，但却绝非只有这种结构、家庭和宗教。与以往任一时代相比，我们更有可能与更多拥有较多思维和行动方式的人打交道。由此我们可以意识到更多的我们的思维和行动的替代物，这有可能引导我们去改变现存的世界。

我们越来越意识到我们生活的复杂性本质，有时，因为拥有多种可能的选择机会，我们可能会觉得我们的生活变得更加复杂。其他时候，我们可能会认识到这些机会所暗含的自由及选择的意义。一些理论家认为，我们的这种认识导致了这样一个事实，即我们已经进入一个新的、后现代时期，在这一时期，我们不再有唯一的关于现实本质的说明，因此，我们必须在诸多网络相互联系的背景下选择我们的现实。关于后现代生活的分析，是我们下一章介绍的内容。

思考题

1. 思考有关孩子、魔鬼及恐惧的例子，我们对现实的社会建构在多大程度上是被减少恐惧及慌乱的意图所驱使的？

2. 文化为我们提供了什么需求物？我们为什么需要它？

3. "个人主义是一种集体价值观念"这句话的意思是什么？为什么？

4. 想象一下你最近的社会互动，你是怎样知道在适当的时间如何说及如何做的？什么规范在影响我们的互动？

5. 你是谁？你又是如何知道的？

6. 如果我们把社会想象成类似于我们在其中游泳的水族馆或我们居住于其中的生态系统，我们对社会的认识会如何发生改变？

[第八章]

"是"的含义
后现代生活

"这要看单词'是'的意思是什么",这是克林顿总统在莱温斯基丑闻期间对大陪审团的证词所做的陈述。这句话很快就成为一个流行语。许多人引用它是将其作为一个解释说明克林顿是谁的陈述,但它可能也标志着后现代主义已成为一个主流。在现今这个我们所生活的后现代时代,关于现实的基本性质的困境和不确定性,已经成为生活以及"是"什么的一个核心要素。

"后现代"一词一直被许多人以许多不同的方式加以使用,这也使得要想对它下一个充分、全面而又准确的定义变得非常困难。或许从更明确地关注作为我们现今生活其中的时代的**后现代性**入手,会对我们有些帮助。作为一个社会组织或社会结构的体现,后现代性强调的是我们的社会世界的多元性、相互联结性和全球性特征。它萌芽于"现代"时期,这个时代形成了启蒙思想,并兴起了工业革命。后现代性更多的是在全球经济中以生产信息和提供服务为特征，而不仅仅是生产物质产品。一个与其相关的词汇是"**后现代主义**"。"现代"思维把现实的性质看做是单一的，并且是可以通过主要运用科学方法的经验研究去认识。相反，后现代主义则是关于现实的哲学和理论思维，它质疑现实的单一性质，并怀疑我们能用绝对术语去认识有关的现实。它把现实看成是多元的和被社会建构的。

在词语和现实的关联方面提出"是"的意思是什么的问题，是开始研究后现代世界的一个很好的着眼点。克林顿总统之所以会那样说，是因为他的律师说了如下这样的话："克林顿总统绝对没有〔和莱温斯基〕发生任何形式、任何方式的性关系。"稍后，在他的证词中，克林顿总统详细阐明了他的律师的观点：

> 如果那天有人问我："你和莱温斯基小姐之间有任何性关系吗？"这也就是问我一种现在时态的问题（are you having……），我将会回答"没有"，而且它将是完全真实的……因此所有用现在时态陈述自己观点的人，都会用现在时态讲述事实真相，如果他说没有，那就是真的。……我没有试图给你一个诡辩的回答，而是指在宣誓作证期间，我明显没有卷入任何不适当的事情之中。我想告诉你的是，通常如果人们用现在时态来陈述事实，如果他说出了某个事实，那么它将是真实的。

第八章 "是"的含义

一个现代主义者的反应,将会是简单地认为克林顿总统在说谎。但这样的认识无疑是过于简单了。实际上,只要你能懂得他所用词语的意思,单就字面意思来说,克林顿的陈述确实是正确的。

这个例子强调了在后现代时代词语的问题性本质。在现代世界里,我们往往认为语言是理所当然的、无疑义的,并假定词语对我们周围的世界提供了准确的表达。但后现代的语言观非常值得玩味,那些指代符号和现实之间的关系引起了人们的疑问。语言被社会建构的性质被提了出来。这里没有了文本,只有对文本的阅读,并且每个人的阅读仅仅是个人的事情,阅读更多地受到阅读者自身的影响,而非纯文本的影响。社会共识变成了纯粹的假象。而这种假象之所以能够存在,主要是因为强权可以用他们的定义和现实,对他人施加影响。

某种程度上,在后现代生活中,社会学的日子将不会好过。部分原因在于,社会学并不是特别的后现代。从历史上来说,和所有学科一样,社会学一直都在追问"是什么"(What is?)?但是后现代主义的本质就是没有本质,没有我们可以直接获得的基本现实。所以对后现代主义的社会学式定义可能是"它不是(It isn't)"。我们并不能指出一个单独的事物,叫它后现代性。就其自身来说,这不是一个特别有帮助的定义,但是或许在分析了一些领域之后它会变得更明晰些。在这些领域(故事、图像、选择和网络),我们可以找到后现代性和后现代主义的标志。

故事：叙事和元叙事

在后现代世界里，我们发现了个人故事或**叙事**的泛滥。我们讲故事是为了理解我们的生活和我们周围的世界。每个人都有故事要讲，每个人对现实的说明都有其合理性。在后现代生活里，我们日益明白，许多故事的讲述可以有许多角度，所以我们所拥有的现实可能并不是"真实"（唯一真实的现实）。它是被我们社会性建构的，因此它也可以被重新建构。

处在关于我们自身经验的叙述层次之上的是**元叙事**。元叙事是有关我们讲的关于现实本质的大故事，它可以使我们理解周围世界。元叙事为我们所讲的故事提供了一个总的架构，把它们联结成一个连贯的整体。它们所表现的现实原型被社会所共享并为许多人所接受。当我们寻求理解发生了什么和为什么时，我们就会重新追溯到这些说明。例如，如果一个孩子问到"为什么爷爷一定会死？"我们经常发现自己会把答案诉诸于某种元叙事，一个抽象的故事，例如"因为上帝要带他去天堂"（宗教性的元叙事）或者"因为他的身体老了，疲惫了"（科学的元叙事）。元叙事对我们很有用，因为它们可以提供一种秩序感或者内在一致感。

但在后现代时代，我们越来越多地接触到那些具有不同的且又经常矛盾的元叙事的人，而且我们也不得不竭力去应对这样的现实，即我们找不到简单的方式来确定谁的真理是"大写的真理"。由于我们没有一些外在的参考可以用来判断各种各样元叙事的优劣，也就只能采用相对论了。

在从现代性到后现代性的转变中,我们更加清楚地看到远离"一个真实故事"模式的转移。正如法国后现代哲学家利奥塔所言,"我把后现代定义为对元叙事的怀疑。"没有一个故事能把我们统一起来。换言之,就像涂尔干所预言的,人们没有统一的集体意识。即便是作为人,对于我们是谁,我们仍持有多种解释。结果,一方面是社会和人的分裂,另一方面则是个体自由和自我认同的扩张。

图像:现实、认识和超现实

体现后现代性的第二个方面是图像。大众媒体的"爆炸"凸显了图像的重要性。在具有典型性的一天里,一个8—18岁的孩子接触媒体的时间是7小时57分,包括看电视,听唱片,浏览网页,玩电脑,打计算机游戏,以及网上冲浪。成年人每天大约看4个小时的电视,这意味着美国的成年人每年会看1456小时电视。假设每小时仅有10分钟用于商业广告(一个很保守的估计),则每年我们要看243小时(相当于10.1天)的商业广告。假设人的寿命是75年,那么我们就要耗费生命的757天,或者两年零29天来看广告。据一项估计,一般人活到70岁,花在看电视上的时间将会相当于其寿命的7—10年。

如果你想知道我们对电视的投入程度,你可以在夜幕降临后在住地附近走一走,或者驾车转一转。看看人们的窗户吧!你将会看到：到处都是蓝色的荧光。或者，你甚至会发现连图像都在一致地闪动，那是许多人在看同一个电视节目，但是他们是分别在看电视。尽管人们经常在同一房间一起看电视，但却极少相互进行交流。看电视体现了一种既被分享又不被分享的经历。这种孤立的集体经历在前现代阶段是不可能发生的，那时每个互动都是一体的。现在，集体经历却被众多人独自享受着。

　　在后现代的世界里，图像经常变得比现实更重要，或者图像至少让我们难以决定我们的好恶。并不仅仅是电视把我们的现实限定在图像，根据后现代理论家的说法，我们从不直接接触任何东西或是直接与任何东西进行互动。我们关于"真实"的经验总是以符号、象征物和话语为中介。因此，我们对事物的认识并不是事物本身。而且，我们经常看不到自己所拥有的图像全貌。根据后现代主义者的理论，关于现实的模型的出现早于真实本身。法国后现代主义大师鲍德里亚（Jean Baudrillard, 1981）用一个地图的比喻来描述真实和再现之间的关系，他写道："领土不再先于地图存在，也不会再依赖它而存在。相反，是地图先于领土而存在，并造就领土。"

　　想想看，大众媒体中的图像和符号是如何先于我们的情感而存在的。特别是对于爱情而言，说真话似乎越来越难。记得在我们结婚十周年庆典上，我对妻子洛丽说："如果可能的话，我将和你再结一次婚。"这种感情是真实的，但是在我说出这句话之前，我就知道这是一个DeBeers钻石的广告语。感情与标语，孰先孰后？要说出一些新鲜的东西的确很难，因为在这之前它已被专业人士说过，而且说得更好。在这里,现实输给了"超现实"。

　　从字面上讲,**超现实**的意思就是在真实之上,超越真实和在真实之外。这是一个难以理解的概念,因为我们总是倾向于把我们看到的东西认为是理所当然的,换言之,就是我们假设在现实和认识之间存在着直接的联系。在后现代性的讨论中,超现实指的是我们被图像所淹没,以致不能确切地辨别出哪一个是真实,哪一个是现实的建构。

　　迪斯尼世界也仿造了一个从未存在过也不可能存在的世界,但它似乎是一个被着意刻画的世界。鲍德里亚写道:"最能吸引来到迪斯尼的人群的,无疑是社会缩影、宗教、现实美国的微型化乐趣。"这就好像是我们宁愿住在迪斯尼世界而不是现实世界。但在后现代世界里,"真实性世界"根本就不存在;我们仅仅认为它是存在的。简言之,当提到超现实时,我们所认为的真实并非真正的真实。或者,也可进一步说,没有事物是真实的,除非我们认定它是真实的,尽管我们很快就会忘记现实的非真实性。

　　现代主义者想让我们以世界本来的样子来看待它并做出相应的回应。在后现代现实里,世界不是一个单一事物,所以我们不能仅以一种特殊的方式看待这个世界,也更少以单一的方式做出回应。在从现代向后现代的发展中,我们从一种以经验为基础的现实转变到了以图像为基础的现实。如果地图先于领土,并且我们建构了地图,那么我们就建构了现实。从积极的方面看,后现代的视角开拓了我们的思维,让我们以一种新的、富有创造性的方式去思考和行动。但它也对我们所依赖的、能提供给我们确定性和目标的文化提出了疑问。

选择：消费现实

为了更好地理解后现代性，我们能够探讨的第三个领域就是选择。在一个后现代世界里，现实并不是特定的，而是磋商的结果。我们在呈现给我们的图像和经历中挑选出现实。一种可以思考我们作为选择者角色的方法，就是把它与我们的消费者角色联系起来。就像马克思的生产概念代表现代性的特征一样，消费主义就是后现代性的核心。消费的重要性已经从零售拓展到了消费现实本身。

在后现代社会，我们面临的是**强制选择**：选择不仅仅是一种取舍，更是一件必须要做的事情。并且我们的选择不限于世俗的东西，如食物、衣服、汽车和其他产品。我们还要选择我们的伙伴、学校、工作、信仰，甚至身份。

我们如此习惯于自己的选择能力，以至于我们经常注意不到我们在多么大的程度上把它视为是自然而然的。就拿简单如我们选择见到的图像这样的事情来说吧。在远控时代，我们甚至不敢想象我们可以在广告出现或者节目无聊的时候轻易地转换电视频道。在前遥控、前有线时代，转换频道要费很大的劲，并且也只有大约三个频道可供选择。人们也很少有理由去换频道。当人们找不到遥控器，或者找不到喜欢的节目时就会感到恐慌。这就突显了我们生活中选择和控制的重要性，就像人们讲的争抢遥控器的故事那样。

对后现代消费的分析，集中在选择和行动的个体。在后现代消费中，我们与其说是在买产品，或体验，不如说我们在创造图像或印象。我们不仅仅要这个产品，我们还要这个产品对我们的象征意义。在后现代，购物不仅仅是商品和服务的交换，也是一种再创造。它是社会性的，可以帮助我们建构我们的身份。

我们所挑选的产品，既在塑造也在体现着我们自身。我们喜欢将那些"看着"很适当并带有合适标志的产品买回家。成功的公司都明白这种需求。商业广告好像花在产品的真正实用性或者目的方面的时间越来越少，而把更多时间都花在介绍购买产品以后你将像或看起来像某种人上。例如耐克的广告，劝诫观众"去尝试"或"就像迈克尔一样"，好像穿上耐克运动鞋会给你一个真实的机会运动、活力，或者像篮球英雄迈克尔·乔丹一样。一些广告商甚至运用反面图像对这类图像广告进行滑稽的编造。例如，百事可乐有个广告说"图像没什么；口渴是关键"。

具有讽刺意味的还有，在批量生产产品的世界里，我们往往还试图刻画我们独特的个体身份。不过我们可以获得的产品的极其多样性，使得这种做法成为可能。在消费者市场上锻炼选择的机会，经常被吹捧为是一种有益的事，但是我们可以做出选择的范围，可能会对持续不断进行选择的人们造成一种限制。作为处于一个持续变化之中的个体，总是被迫去选择，我们可能感到了一定程度的恐惧：犹豫、焦虑、怀疑，似乎成了选择所付出的代价。

在这个流动的环境里，个体努力地构建身份，通过使自己跟某一共同体联系起来试图减弱他们的焦虑，这是否是一种传统的宗教运动或革命政治运动或者其他什么呢？"在一个万物皆变、没有什么是确定的世界里，男人和女人都在寻找他们可以确定而永远归属的群体"。但是，全心全意地把自己"永远"交托给一个群体，依然代表着众多选择中的一个，并且我们也都知道，我们可以选择退出就像我们当初决定加入一样。

一旦我们认识到这些共同体以及我们从中获得的身份的社会建构性质，我们就很难再去认真对待这种关系了。20 世纪 90 年代对"无论什么"的表达，可能是对后现代身份的典型表达。在 20 世纪 90 年代，非主流乐队和另类音乐运动，可能是从把后现代生活批判为不相关或无关紧要的运动中产生的。令人惊讶的是，在一个繁荣的文化中，我们竟发现了令人厌烦的事物。我们不满足于现在比以前还多的选择。在后现代文化里，我们看到的图像是饱满的（也就是说，消费将使我们满足），但是经济却依赖于我们的永不满足。如果我们满足了，我们就可能不再消费了。如果我们停止消费，经济将会被迫停止运转。

当从受限制的现代世界进入可以无限选择的后现代图像中时，我们可以自由地去创造新的自我和新的未来。如果我们不喜欢我们自己的身份和我们在哪里，我们可以改变我们的思想，重新定义我们自己，创造属于我们自己的现实。强制选择让我们自由地去追求新的、有创造性的自我和未来，但它也可能使得我们失去自我身份存在的坚实基础。

网络：小世界

体现后现代性的第四个方面涉及把人类、动物、机器和环境连接到一起的网络。与之相对照，现代性则强调人们和事物联系的等级制度和线性概念。尽管成为网络（或复杂网络）的一部分为我们提供了新的可能性，但也对我们关于现实的传统认识提出了挑战。

现代科学主要关注对事物的剖析，说得更形象点，就是找到世界的最基本组成单元。现代主义者的假设是，从原则上来说，基本粒子的知识和自然法则可以使我们把世界理解为一个整体。就像一位网络研究者指出的：几十年来，我们被迫通过世界的构成元素来分析世界。我们已经被训练成通过研究原子和超弦物去认识宇宙；通过研究分子去认识生命；通过研究人类基因去认识复杂的人类行为。但问题在于，我们能把事物拆开，并不意味着我们可以再把它们组合起来。整体可能远大于部分之和。在后现代网络化的两种趋势——全球化和赛博组织中，我们能明白他的意思是什么，因为在每一个趋势中我们都不仅看到了复杂的联系，也看到了正在变得模糊的边界。

全球化

如果说城市化和工业化是现代性内涵的一部分，那么后现代性就可用全球化来进行说明。我们每天都会接触世界是相互关联的这一现实。我们需要做的就是检查我们所穿衣服的商标,从中可以看出我们依赖遍布全球的原材料、产品和工人的程度。对我们大多数人来说,我们的衣服到过的地方要比我们去过的地方还要多。正在扩张的交通和通讯网络——包括州际公路、喷气飞机、手机、传真机、电子邮件、互联网等等——使得我们无论在集体还是个体方面,都比以前跟更多地方更多人的联系变得密切起来。渐渐地,全球所有角落都被连接成一个广大而又相互联系的社会、文化、政治和经济体系。

一些历史的观点有助于解释这个全球体系的发展。从历史上来说,人们从自然中获取他们想要的东西。这些获取行业,如种植业、渔业和采矿业,组成了经济体系中所谓的第一产业部门,因为它们是社会得以确立的基础。狩猎／采集和农业社会的主要特点就是类似的获取,过去是,现在也是。这样的社会通常是小型的乡村社会。尽管王国的存在兼并了大块的土地,但是生活在这类社会中的普通人与远处人们的交往仍然受到很大限制。

技术革新使得人们发展生产能力成为可能,这被称作经济体系的第二产业部门。我们不仅仅是简单地通过最小限度地改变土地以获得我们需要的东西,现在我们可以制造我们需要以及想要的东西。机械化生产的迅速发展,导致了工业革命。在从获取经济到生产经济的转变过程中,人们原来的工作(主要是农业方面)方式和生活(主要是农村)方式发生了显著的变化。技术革新使得农业越来越不需要体力劳动,这就可以使更多人离开土地,进城在第二产业部门工作。正如我们前面所看到的,社会学的兴起,部分地是作为理解这一转型及为类似的变迁提供指导的一种方法。

随着技术水平的提高,机械化生产也变得越来越不依赖于劳动力了。人们被解放出来为他人提供服务,在这个过程中创造了经济体系的第三产业部门。工作被创造出来以保证人们可以照顾其他人。这种服务性工作既包括高端的(如医生、律师和金融顾问),也包括低端的(如保管员、旅馆服务员和快餐店工作人员)。对消费者的关注,从简单的原材料数量转向了体验的质量。

向经济活动中信息技术或数据库处理的转变,有可能被认为是向服务经济或者可能是发展新的经济部门不断转变的一部分。现在人们忙于生产点子(ideas),而不仅仅是服务。随着个人电脑和互联网使用的普及,使得这个向信息时代的转变变得更为快捷。尽管我们试图以对待商品和服务的同样方式来对待这种形式的产品,但是我们很难想象生产点子和生产食物或家具是一样的。

信息的自由流动是全球化的一个关键性联系。当一个基本商品——信息——能够被及时并免费输送到世界各地时,全球经济网络就得到了扩展和加强。连接国际市场的跨国公司变得越来越重要,同时部分地根据边界而分割的民族国家,尽管在地理上跟物质世界和特定地域相联系,但它们在全球经济背景下已失去了力量。跨国公司越来越自由地在它们所选择的地点和时间运作,它们依靠自身的经济和政治力量来开拓自己的道路。尽管按照法律这些公司通常都有自身的身份归属，但是它们能够利用日益增长的全球化来回避与任何具体国家的关系并宣布它们是自由机构，从而能够去追求它们经济利益中的东西而无须考虑它们的活动带给其母国的社会与政治成本。

具有讽刺意味的是，跨国公司的发展和大众媒体的扩张，使美国和西方的价值观、道德标准在全世界蔓延开来，从而导致了一种文化霸权主义的出现。随着麦当劳、迪斯尼和微软势力的扩张，少数几个公司控制了我们文化领域的大部分。当我们努力提高个人能力去选择时，我们才发现，全球化的扩张使得小公司破产并重塑了地方文化，从而减少了我们的选择。

导致全球化的交通和通讯革命，也是我们后现代现实概念的重要组成部分。动力的发展从人力到畜力，到机械力，直到喷气动力，使我们摆脱了时间和空间的束缚，并从根本上增加了在本地之外我们与现实的联系。虚拟现实的发展，很可能还会加剧这种趋势。

这些变化的一个社会影响就是，彼此不一样的人跟那些较少与当地社区联系的人之间出现了更大的分离。我们的社会网络关注的是社会地位和经济利益，而不是本地和社区，地方文化就这样被分裂了。通过预测一个被经济而不是国家身份结合起来的全球社会，人口统计学家韦斯预言："随着国家边界的逐渐消失，地球村将最终成为一个簇群的世界。"处在相同经济簇但却是在不同城市或国家的人们，将比生活在同一个城市但却处在不同经济簇中的人们有更多的共同点。那些拥有充足资源来投资以增进他们的物质资源、社会资源和文化资源的人，其资源使得他们与在同一群体的其他人而不是那些他们当地社区的人联系更紧密。

赛博化

关注网络并不仅仅是为了向我们指明：我们正在重新定义社会结构和文化。它也包括对自我的重新定义。我们从孤立的、独一无二的现代性自我，转变到了相互联系的、动态的、后现代自我。自我和社会，或者自我与环境之间的边界变得模糊了。**赛博化把人、技术和网络结合在一起，使得人类、机器和环境之间的分界线也变得模糊起来。**电影和小说提供了许多这种界限模糊的例子。在1982年上映的经典后现代电影《银翼杀手》中，要说出机器人和人类之间的区别几乎是不可能的。

后来网络朋客小说把这些主题发扬光大。当然，不考虑已经成为所有这些故事爷爷辈的《黑客帝国》而谈论这些故事几乎是不可能的。《黑客帝国》使现实和虚拟现实的界限变得更加模糊，并呈现给了我们许多问题：难道我们的知识、文化、结构、经验都不过是计算机的模拟吗？难道我们仅仅比作为电力而注定只是为在反人类的战争中获胜的电脑和机器服务的电池组好一点点吗？我们怎么能知道我们从感觉中获得的大脑刺激不是人工合成的呢？我们怎么能说我们没有被一种含有我们预编制的人物的电脑模拟产品（"黑客帝国"）所困扰呢？答案当然是我们不能。甚至电影最终也暗示了有两种现实：黑客帝国和现实世界。但是电影中展现的问题是：如果黑客帝国是一个可以操纵的建构物,那么我们怎么能知道"现实世界"就不可以操纵呢?在后现代世界里,"我是谁?"这个问题变得越来越疑云重重。

作为人机合成体的**赛博人**这一概念,数年来一直都是科幻小说的原型,但一些理论家认为事实上我们已经是赛博人了。想一下我们把人体技术进步看做理所当然的程度吧。对于动物,我们已经有了有着在黑暗中发光的毛皮的兔子、克隆猫、可以通过独立思考来控制机器人手臂的猴子等等。对于人类,一些简单的事情,就像戴眼镜能够使我们的视力得到技术的帮助,证实了我们身体的赛博化。我们通过诸如心脏起搏器、对不同身体部位的修复术、免疫方法、DNA疗法、克隆、整形手术等技术手段"改进"了我们自身。甚至个人电脑在我用它同朋友、家人以及那些没有出现在我现在的物理空间里的信息连接时,也似乎成了自我的延伸。只有在无线技术使得我们可能在任何时间、任何地点与网络相连时,这些连接才能扩展。

作为赛博人,不仅仅是一个人机合成体;它还使自我和非自我之间的界限变得模糊不清。孤立的自我让路于网络化的自我。

人们经常说,有一天他们终将"成功",变成"自我实现的",变成"自我满足的",或者达到了自我实现的其他标准。尽管这种观念描述了这样一种暗示着改变的过程,但具有讽刺意义的是,他们还是设想达到一个确定归宿的可能性。他们以一种不变的自我意识为基础。然而后现代的现实则是,我们处于永不停止的变化之中。

跨界：交叉的边界

总上所述，后现代性体现了**跨界**的特点。在每个例子中，我们都发现边界是模糊的，这些边界在既定的现实的现代定义中我们认为是不容置疑的。在故事叙述方面，元叙事的消逝暗示着一个故事可能跟另一个故事同样合理。因为图像的存在，物体和符号之间的区别消失了。至于选择，我们可以自由选择，但却面对强制选择和选择的必要性。网络可能体现了边界的完全模糊性：所有事物都相互联系，并且我们在哪里比我们是谁更为重要。孤立的个体被网络化的自我所取代，而这种自我可能并不总能自由地在众多真实中进行选择。

思考所有这些是怎样在后现代世界里混合在一起的一种方式就是：我们是灰色的。罗德里格斯用这个隐喻来描述在民族、性特征和文化方面交叉的边界："灰色，并不必然具有一种颜色上的意义，但却只有灰色是必然的，因为它是混合的、困惑的、结块的、不纯的、未经高温消毒的。"随着时间的流逝，当我们承认了多样性和多元主义的重要性之后，关于我们是谁的划分就有了更多的类别。就像没有简单的生物学意义上的分界线一样，世界上也没有纯正的文化。我们共享、交换、乞求、借鉴甚至偷取别人的文化，别人也在这样做。如果我们认为自己是灰色的，我们就可以认识到，即使是网络类比也不一定足信，因为它也意味着有独立的结点。而我们是被混合在一起的。你中有我，我中有你。

如上所述，这种后现代思维方式的一个明显含义就是**相对主义**。如果我们都被混合在一起，你如何能使别人相信你的故事是正确的而他们的故事是错误的呢？你证明你的说法正确性的依据是什么？元叙事的消逝——故事是真实的——似乎意味着没有人能真正主张他们知道真相。但是，我们并没有体验到我们的真相、信念、信仰、规范都是由社会建构的，是相对主义的。我们生活着，就好像我们所相信的事物（上帝、公正、自由、享乐主义、仁慈或其他什么）都是真的。

后现代生活的一个经验就是，生活中并没有单一的历史和单一的经验。可能对于在后现代时代现实发展的最好比喻，就是一个可以使我们从常常对立的现实中跳出去的舞蹈。社会学可以帮助我们更好地理解这个舞蹈的本质，实际上也只有这样做，社会学才能引导我们走向更加积极的未来。

接下来两章，我们将考察生活中的制度领域：家庭、教育，目的在于更好地理解人与社会之间的动态关系。每一章我们都将看到体现后现代经验的多元主义和多样性的可能性大量存在。我们应该对这些方面予以肯定，其中我们在这两个制度领域中被塑造的信念和行动，使得我们能更好地理解历史和文化如何塑造了人对现实的认识以及变迁为何是可能的。人能够通过再现和重构现实而影响世界，尽管这样做并不容易。

思考题

1. 从后现代的视角来看,"是"的意思是什么?
2. "元叙事消逝"对个体和社会可能有哪些优势和劣势?
3. 看电视经常是一个孤立的集体经历,这样说的意思是什么?这跟过去的集体经历有何区别?这些区别意味着什么?
4. 图像与现实之间的关系是什么?我们怎样才能分辨出物体与物体再现之间的区别?
5. 强制选择是如何塑造你的日常生活的?多样性和全球化是如何有助于选择的必要性的?
6. 网络扩张以何种方式为人和社会提供了新的机会?作为获得这些新机会的结果,我们承担的成本是什么?
7. 思考跨界问题,后现代视角是如何改变我们看待女性和男性或者种族之间的分界线的?

第三部分

我们生活的世界

[第九章]

联结纽带

家庭

"你爱我吗?"这是电影《屋顶上的小提琴手》(1971)中特维向他的妻子戈尔德提出的问题。他们已经结婚25年了,但是特维却不知道妻子是否真的爱她。他们生活在20世纪初期俄国一个犹太人为主的小村庄里,他们结婚时并不相爱,也不曾期待会彼此相爱。在他们所生活的那个世界里,爱情并不是婚姻的基础。

因为看到女儿们对夫妻关系模式的不同选择,特维和戈尔德对爱情和婚姻产生了疑问。他们的大女儿希望由自己选择心目中的丈夫,而不是像传统方式那样,通过红娘的介绍。二女儿想嫁给一个外来的政治激进分子。三女儿更是极端地想要嫁给一个异教徒。在他们所在的社区里,"传统"应该获得遵守,但是这些爱情上的新观念,却让特维和戈尔德难以接受女儿们的婚姻关系,甚至难以理解他们自己的婚姻。

从这个故事中我们不难了解到,婚姻关系的变迁,是与更广大的社会、经济和历史变革相连的,这些变革影响了故事中人物对适合自己的生活方式以及其所做选择的认识。特维和戈尔德最终断定他们事实上是相爱的(或者,如他们相互所说的,"我想我是爱你的")。但是他们关于爱情作为家庭关系基础的誓词,看起来与指导了数代家庭的生活原则的减弱不无关系。

本章我们将要考察为了适应更广大的社会背景家庭变迁的方式。首先概括介绍家庭的社会和历史背景,以及这种背景是如何影响我们对家庭的定义的。其次分析家庭对社会有何作用并分析家庭中的个人。最后分析我们在家庭和社会中的地位以怎样的方式塑成了我们个体的选择,尤其是关于配偶的选择。

家庭结构与历史变迁

历史上,家庭是我们社会生活的中心,每件事情都围绕它们展开。远古时代,酋长被裁定为一家之主。在中世纪,贵族根植于家庭关系,国王和皇后把权力传给他们的后代。相比起扩大家族网络和资源,爱情在婚姻中所占的分量相对较小。

然而,自进入现代社会以来,我们已经见证了家庭的迅速萎缩。家庭不再是权力流动的主要途径。现在,我们的经济地位、教育地位和公民政治地位,都超过了我们家庭的重要性。这并不是说家庭传承已不再重要,但它的确意味着,作为一种制度,家庭的作用在很大程度上已经被其他社会要素掩盖了。

跟其他社会制度相关的家庭地位的这一变化，是长达几个世纪之久变迁的结果，尤其是经济变革的结果。在这一部分，我们将分析一系列在更广大的经济背景中所形成的相当独特的家庭形式——制度家庭、伙伴家庭和后现代家庭。

制度家庭

传统上，家庭一直是社会的经济、政治、社会生活的中心；婚姻是建立社会关系的主要途径。几千年来，婚姻一直是增加资本、构建政治联盟、以年龄和性别组织劳动分工、决定孩子所拥有的对父母的要求，以及父母在孩子身上所拥有的权利的主要手段。简单来说，人们通过婚姻获得的最重要的东西，也许就是姻缘关系。

那个时代主要的家庭形式是**制度家庭**，在这种形式中，家庭是经济、社会和文化资源转换的中心制度。作为制度而言，家庭、经济、教育、宗教和政治之间并没有明确的区分。家庭成员地位的结构以及他们的角色期待都相当清晰。换句话说，人们心里都很清楚他们是哪一类人，以及别人对他们有哪些期待。

就大多数制度家庭而言，特别是在乡村农业生产的背景下，工作和家庭是重叠的。尽管劳动活动常常因性别而分开，但是供养整个家庭的衣食和健康的繁重体力劳动，则要由所有人甚至包括孩子来共同完成。家园或农场，构成了家庭经济的基础。

那个时代的婚姻，不是以我们今天想象的罗曼蒂克式的爱情为基础，而是基于实际的经济、社会和政治利益的算计。千百年来，人们结婚的一个理由是，单个人仅靠其自身力量去做每件事，将无法生存下去。这种传统的生活方式，随着工业革命的到来，发生了彻底的改变。

伙伴家庭

随着 19 世纪工业革命的发展，很多工作都从家庭和农场转移到了工厂和城市。"去上班"成为获得工资以使家庭生存的必需。1800 年，只有 20% 的美国人受雇于他人；其余的都是自己经营而非受雇于人，他们大部分都是农民。到 1860 年，40% 的劳动力受雇于他人，而到了 1910 年，这一比例已经达到 85%。今天，只有 7.5% 的劳动者是自给自足的。

随着人们离开土地而为他人工作，工作就成为**公共领域**的一部分。**公共领域**是指家庭之外的领域，在这里，经济和政治成为同家庭相分离的不同制度。与此同时，家庭则成为**私人领域**的一部分，在这里，人际关系和互动更为直接、亲密和局部（当下）。这种工作/家庭的分离本可以许多形式来实现，但在大多数工业社会中，以社会性别为基础的**隔离领域**成为理想化形式：男人属于公共领域，女人属于私人领域。

与工作/家庭的分离相适应，19 世纪婚姻的形式演变为**伙伴婚姻**，现在人们常称其为"传统家庭"。这类家庭重视夫妻关系而不是扩大家庭外在的联系，重视爱和情感的支持而不是经济和社会资源的交换。在这种婚姻形式下，我们通过罗曼蒂克式的爱情挑选自己的另一半作为终生伴侣，和这位终生伴侣在一起，我们大部分的情感需求都会得到满足。相隔离的领域，尤其是在 20 世纪 50 年代，开始成为这类家庭的特征。人们认为理想的婚姻包括一个丈夫和一个妻子，丈夫投入公共领域，领回工资供养家庭，扮演"养家糊口的人"或者"优秀的给养者"角色；妻子则成为"家庭主妇"，全力照顾家庭成员和操持家务。

尽管在前工业社会妇女们已经参与了基本的生产，但在这个工业化社会中，人们为妻子们设计了新的价值和规范。女人被假定为天生就有特别适合私人领域生活的心理特质：善良、温柔、平和、顺从、无私、优雅和单纯——所有这些特质都代表需要保护并且不利于在公共领域取得成就。她们被赋予一套明确定义好的角色来适合这些所谓的特质：

- 母亲：为了培养出能够适应社会的成年人，孩子们需要母亲细致的呵护。
- 妻子：丈夫们需要一个顺从的养育帮手和同伴，以帮助他们应对所谓残酷无情的公共领域。
- 道德守卫者：女人被认为比男人更加纯洁并且更有能力促使他人保持纯洁；为了保持女人们完美的纯真，她们被期望在性方面是被动的，被认为是需要保护以避开社会的邪恶。

- 家庭护卫者：女人们被赋予这样的责任——维护家庭作为憩息的港湾使其免受工作和政治的侵扰。

人们认为，如果女人成为劳动力的一部分，她们就不能履行这些角色。结果，许多妇女都失去了生产者的角色，变得越来越依赖于她们的丈夫。这种养家糊口者/家庭主妇的家庭模式被奉为理想，尽管事实上并不是所有人都接受这种形式。工人阶级家庭，包括绝大多数非裔美国人家庭，就无法接受这种形式。

虽然如此，随着时间推移，伙伴家庭模式还是逐渐成为一种占据主导地位的文化模式。这种模式在20世纪50年代得到了广泛实现，因为"二战"后美国的经济实力使得这一模式对更多的家庭来说变得可行。20世纪50年代的一些流行电视节目，如《反斗小宝贝》和《奥泽和哈丽亚特》，更是强化了这种理想家庭的观念，其中丈夫离开家园出去工作，妻子则待在家中相夫教子。这种伙伴家庭不仅被认为是正常的，并且使得其他替代性的选择被认为是不正常的——在1957年进行的一次调查中，大约80%的回答者同意"任何一个愿意单身的人都是'有毛病的'、'神经质的'或'不道德的'"。这种丈夫和妻子处于截然不同领域的理想观念，甚至被更广泛地接受了。

然而，没过多久，家庭结构就又回归到了历史上存在的女人和男人均扮演着重要生产者角色的性别角色。主要是因为妇女纷纷成为有偿劳动力，因此妻子和丈夫现在都参与到公共领域，也同时参与私人领域。我们可以严格地把隔离的领域界定为"传统的"，但在家庭中夫妻双方都参加工作的确是一个更古老的、在历史上也是更普遍的模式。

后现代家庭

20世纪50年代的理想家庭模式——作为家庭主妇的妈妈、养家糊口的爸爸以及受监管的孩子们——现在已不再普遍。1970年时40%的家庭是包括一对夫妇和孩子，到了2003年，已婚夫妇且有孩子的家庭（23%）比单身（26%）或者是已婚夫妇但没有孩子的家庭（28%）都要少。

总之，多样性和非统一性成为现在家庭的代名词。**后现代家庭**发展了伙伴婚姻模式，因为它们也是建立在爱情和情感基础上的。但是它们缺少20世纪50年代导致伙伴家庭风行的制度性压力和鼓励。家庭已经成为我们个人身份建构的一部分，因而它也反映了个人选择的多样性，这些选择是我们在后现代世界中期望得到的。我们比过去拥有了更多的从诸多家庭形式中选择的自由，这些家庭形式包括异性夫妻、同性夫妻、单亲家庭、混合家庭、单身家庭、有或者没有孩子的同居配偶等等。

尽管伙伴家庭强调家庭成员关爱的重要性，但是由于它建立在女人失去进入公共领域的机会这一基础之上，所以伙伴家庭是不平衡的。加强这些家庭的团结友爱是基本的价值取向，这种取向胜过家庭成员个人的需要和机会。女人们常常感到她们的生命中失去了一些东西，而且她们还感到并不能自由地直接表达自己的不满。有鉴于此,婚姻和家庭发生持续变革也许就不足为奇了。

在后现代家庭中,基本的价值观不是团结友爱而是自主,这给了家庭成员特别是女人们在公共领域更大的选择和自由。后现代家庭强调双方共意的爱(要求相互同意,这种相互同意也许不是持久的),共同养育(包括了父母双亲和日托所),温文尔雅(允许家庭成员和外面更大的世界接触和联系)。因而,后现代家庭比伙伴家庭更有弹性,更能适应一个多变的世界。它们不需要符合一种特定的方式,只要给予我们基本的心理上和感情上的健康即可。最后,因为后现代家庭建立在共意的爱的基础之上,当人们不再彼此喜爱对方时,他们可以选择退出,追寻其他更能令他们满意的关系。

从社会学的角度来讲,所有这些变化都表明,家庭已经变得去制度化了。换句话说,家庭的外表特征和家庭成员的行为方式不再狭隘地由更大的社会规则所决定。这一事实对我们有利的方面是,我们获得了按照自己的选择行动的自由。孔茨认为,结果,"对许多配偶来说,婚姻已经变得比历史上任何时候更令人感到愉悦、更令人感到喜欢、更令人感到满足"。但对我们不利的方面则是,至少在家庭背景下,这破坏了涂尔干所论及的社会整合。我们失去了控制我们该如何行动的社会规范,同时也降低了社会秩序及稳定性。例如,父母不再拥有同样多的来自他们的大家庭、社区和其他制度的支持,这使得他们基本上要靠自己的双手抚养孩子。结果家庭变得具有"随意性和脆弱性"。一方面,后现代家庭中的关系更富有意义和互利性,但是另一方面,家庭也变得更加脆弱,一旦家庭成员感到不顺心或无回报价值，他们就会选择结束这个家庭。

家庭的功能

定义我们所谓的"家庭"，乍看起来似乎非常简单，但是考虑到家庭形式的历史转变，它就变成了一个充满争议的问题。

家庭的专有定义关注家庭是什么和不是什么。传统上，家庭被定义为只包括那些在生物学意义上有关的或者在他们之间建立了正式的、合法的家庭联系的人们。在生物学意义上，从双亲到孩子我们是一家，它也把我们和其他生物学意义上的亲属包括祖父母、姑姨叔伯、堂兄妹等等联系起来。在法律上，我们通过婚姻和收养关系成为一家。在这种狭义的定义下，那些在血缘上或者法律上没有关系的人们也就不会被认为是正式的家庭成员。这种定义思路最主要的优点是有清晰的边界，但是只要碰上不适合的情况，这样的定义就不会长时间有效。

避免陷入过度狭隘的家庭概念之中，而充分考虑家庭结构上的多样性的一种方法，是从关注家庭是什么转变到关注家庭对社会有何作用、对其成员有何意义。从这一角度来看，**家庭的宽泛定义**涉及的就是家庭所履行的功能。家庭所具有的两个重要功能是社会网络功能和个人需要功能，前者涉及家庭和社会的关系，后者包括家庭成员的生理需要和情感需要。从社会学的视角出发，我们将家庭定义为任何能够履行这些功能的群体。

社会网络

家庭涉及的是关系（像"我与……有关系"）。历史上，家庭处于经济、政治、教育、宗教的中心，因而是更加庞大的社会结构的基石。尽管家庭也许不再像它在前工业社会那样，在与制度的联系中处于中心地位，但是我们仍是通过它来建立必要的社会网络联系。在这一小节，我们将分析把个人和社会网络整合在一起的三种方式：通过家庭传承社会地位，新家庭的形成，以及家庭的再生产（既包括其生物意义，也包括其社会意义）。

社会地位：继承生活机会

家庭（出生或者收养我们的家庭）出身，是形成我们社会地位的最基本的因素，也是我们可以终生利用的资源。出生时获得的社会地位，影响了我们对资源的获取，这些资源包括社会阶层、种族、地理环境和母语。通常我们也会继承跟父母类似的经济、社会和文化资源。尽管我们可以通过努力改变自己的地位，但是出身还是影响了我们可能做出的选择，或是韦伯所说的"生活机会"。换句话说，家庭的主要功能之一，就是把我们嵌入会影响我们获得资源的社会网络之中，由此影响我们的人生成就。

新家庭：平衡同与异

在美国，随着我们慢慢长大成人，我们最终都会离开自己出生的家庭，去建立新的家园。我们择偶，组建起一个新的家庭，和自己喜欢的人共同分享生活。家庭关系把我们和其他人联系起来，扩大了我们的网络联系。

尽管与制度家庭时代的人们相比我们有了更多选择伴侣的自由，但是我们仍旧会遵从一些指导我们发展社会网络的社会规则。关于伴侣的选择，我们所遵从的一条社会学主要规则就是平衡同与异。

组建一个新家庭时，寻求平衡可以维护社会的稳定性。如果没有了某些共同之处，不仅我们不会建立关系，社会也将不会存在。想象一下用砖或石料砌墙，每一层新墙就是一代人，最坚硬、最稳固的一堵墙是把众多的石块一层一层地交错地累叠起来。如果我们仅仅是把一块石料简单地直接放在另一块上，最终得到的充其量也不过是一些排列在一起彼此毫无联系的柱状物，而不是一堵墙。如果石料之间的空间太大以至于它们甚至不会重叠在一起，我们就只能随机地放置有联系或者没有联系的石料。为了保证和促进社会稳定，我们需要一定程度上相重叠的物质资源、社会资源和文化资源，并把这些重叠的程度看做是可以变化的。例如，门诺人有意选择更多的族内婚以维持最大限度的社会整合。而我们大部分人则乐于选择更大程度上的外婚制，尽管实际情况也许并不像我们所想象的那样。

再生产：寻求人口和社会的连续性

家庭的第三个社会网络功能涉及再生产。其最基本的形式是生物意义上的再生产。一个社会要想延续下去，就必须一代接一代。这或者是通过迁移——获得来自外群的新成员,或者是通过生物意义上的再生产来实现。实际上,所有的社会群体都试图通过其一,但通常则是两者兼有,来完成这一过程。那些对这两种途径都不接受的群体,注定会走向灭亡。

生育孩子可能是生产下一代最简单的方式。社会的、文化的和家庭的规范,规定了谁应该生育孩子、什么时候应该生育孩子以及他们应该生育多少孩子。(随着越来越多的人采用收养、人工授精、代孕生育等方式,现在我们应该怎样生育孩子看起来已经越来越不重要了。)因此,不同的社会拥有不同的生育率。在瑞典,过低的生育率促使政府设立了税收优惠,鼓励人们生育更多的孩子;与其相反,在20世纪80年代的中国,则出台了独生子女政策,以努力降低人口增长,减轻人口压力。

在更早的时期,一个大家庭被视为资产或者资源,因为家庭农业下的孩子是重要的劳动力资源。现在,太多的孩子则是家庭财政和家庭流动的拖累,他们作为消费者而非生产者,往往会制约父母在工作领域的流动。

对美国的工薪阶层来说,孩子越少越好。如果美国的人口出生率的趋势也是一个信号的话,我们似乎早就已经获悉了这个信息。1957年,每个女人平均生育3.8个孩子。1973年这个数字下降到了2个以下,之后这一水平一直趋于平稳。2001年,平均每个女人拥有2.11个孩子。

一旦孩子出生,我们应该对他们做什么?"训练他们走上他们应当走的正途",或者,换句话说,让他们接受群体的价值观和规范。这是社会的再生产,它对社会的生存来说也是必要的。我们之所以喜欢迪斯尼电影《森林王子》、《人猿泰山》这类故事,可能是因为它们强化了这样一种观念——我们并不真的需要其他人或者社会去让自己发展成为高级的个体。但是如果孩子真的在与世隔绝的环境里长大,真实的情况将会是另外一个故事。即使再回到社会中,他们仍会有不间断的心理问题,并且很难学会社会技能。

家庭是我们获得生存必要的社会和文化资源的场所。尽管语言是我们在家庭中获得的最基本的社会资源,但是我们也不应该低估训练像吃饭、走路、上厕所这些基本生物技能的重要性。无论我们如何组建家庭单位(双亲或单亲家庭、核心或扩大家庭、血亲或收养家庭等),都必须以某种方式提供这些训练。

除了这些基本技能,在家庭中我们还需学会必要的文化技能,以参与到我们所在的社会群体中。我们的社会自我界定了我们是谁,而我们首先是从家庭成员中学习社会自我,并且明白了自己不是世界的中心,必须服从他人的权威。我们学会了如何最有利地开展社会游戏、如何控制他人、如何靠自己立足。换句话说,我们学会了个人和社会之间的互动。

个人需要

家庭具有的第二类主要的功能是为家庭成员提供基本的需要——包括生理需要和情感需要。随着转向后现代家庭,家庭内部的情感和心理支持变得日益重要，但是我们不应忘记自己通常也在家庭内寻求自己对食物、穿衣和居住的需要。

生理需要

如何满足我们的生理需要是随时间而变化的。历史上，我们生存必需的商品和服务大都来自家庭，主要通过家庭农业和家庭作坊来获得。但是时代已经改变了，现在大部分处于工作年龄的成年人都是工薪劳动者或者"养家糊口者"。我们为了得到工资而工作。工作和家庭这两个领域不再浑然一体。这一大规模的经济变革，对家庭的功能产生了巨大的影响。现在家庭满足我们基本的生理需要，就意味着家庭的消费多于家庭的生产。带回家的钱被用来在市场上购买东西。这些东西包括必需品（如食物、衣服、住所）和渴望的东西（如美味的食物、崭新的衣服、更大的房子），以及那些我们从来都不确定是必需还是只是想要的东西（对我来说，这样的东西是指一台新电脑）。孩子们大体上还要依赖父母提供这些必需和渴望的东西。

从生产到消费的这一转变，也意味着父母和孩子之间关系性质的转变。在过去的农业社会，父母起着领导作用，决定孩子的需要。孩子也更直接地参与到养活自己的劳动中来。例如，父母可能会对毛衣破了的孩子说："先去剪些羊毛来。"现在的孩子更可能会通过媒体或者同龄人的联系来决定自己的需要——"能给我钱去买我在广告上看到的那件毛衣吗？"——并且希望父母马上就能满足他们。因而，现在的孩子在时间和金钱上的花费，都越来越高昂，而且他们还不创造生产力。结果,正如我们已经看到的,我们可能只要更少的孩子。

情感需要和心理需要

"如何拼写'家'这个词?L.O.V.E."不难想象类似的语句会出现在问候或者商业性的卡片上。这并不是说家庭的其他功能不重要,但是今天我们谈论的家庭,我们认为就应该是一个充满了爱和呵护的地方,在这里,我们的情感需要和心理需要都能得到满足。伙伴婚姻时代的原则得到扩充,我们已经提高了对家庭成员的情感期待。

在这个理想化的世界,家庭成员应该无条件地彼此相爱——换句话说,无论他们做了什么还是没做什么,我们都要相互支持。你跌伤的时候(即使是因为你爬上了危险的地方),妈妈会为你缠好绷带。你哭的时候,爸爸会哄你(即使你是因为做了他不让你做的事情而受的伤)。不管遇到什么风雨,奶奶总会照顾你的。我们常常理所当然地认为"家"是避风港,是一个安全的地方,是一个我们可以无所顾忌地展现真实的自我而仍旧被爱的地方。

然而,对很多人来说,家并不是一个避风港。我们不应该小看很多人在家里所遭遇的悲惨经历,但即使是这些负面形象,也提醒我们家庭在影响着我们自己和我们的生活。那些在差不多是"传统式"家庭里感觉不到爱和支持的人们,会努力寻找一个能够满足他们情感及心理需要的新"家庭"——单亲家庭或者由好友或亲戚组成的家庭。他们尝试以新的方式获得爱与支持、打造一个避风港,这些尝试是我们重新思考家庭定义的原因。

社会结构和家庭选择

由于家庭和婚姻偏好随着时间的推移而转变，这常常跟更大的社会和历史潮流有关，因此我们不应该感到惊奇：社会世界正在塑造我们的偏好。正如我们已经多次认识到的，结构限制选择，在这方面，挑选伴侣也不例外。此外，在结婚成家后，我们仍要使自身的行动适应经济的变化，具体到家庭中来说，这表现为兼顾家庭和工作。

伴侣选择

由于在后现代社会我们拥有了更大的自由选择适合自身需要的家庭类型，因此我们或许会以为社会不再有约束我们选择的力量。虽然我们遵从特定规范的制度压力更小了，但是个人的选择仍旧受我们在社会中地位的影响。比如，大部分人都认为，他们会选择跟自己有浪漫的爱情基础，能建立长期的情感、社会和经济义务的配偶。我们不能想象允许其他人，比如父母或者媒婆，通过包办婚姻为我们挑选对象。许多人听到这种现象现在甚至是美国的一些亚文化社区仍旧存在时，都会感到相当吃惊。我们大多数人都认为，最好是自己去选自己的另一半。我们可能会参考家人或朋友的意见，但最终起决定作用的还是我们自己对我们眼中的那个她／他的感觉。看起来似乎每个人都有可能成为我们的配偶,只要他们能够叩开我们的心扉。

但是,事实上,我们的社会地位影响着我们对所爱的人的认识。受社会地位的影响,每个人都可能成为我们配偶的可能性被大大地降低了。现实情况是,当我们谈婚论嫁时,一些社会规则限制了我们的选择:我们只能选择那些我们能够联系上的人;我们受家庭、朋友和我们所属组织(例如教会)观念的影响;我们更容易被与我们相似的人所吸引。

选择与我们拥有共同社会特征的人结婚被称为同类婚。年龄、种族、宗教和社会阶层这四个因素影响了这同类婚种选择:(1)年龄是影响我们选择伴侣最基本的人口统计学因素之一。我们倾向于选择和自己年龄相似的人。2002年的一项研究表明,现有婚姻配偶之间的平均年龄差是3.8岁。(2)种族／民族在我们的伴侣选择中也发挥着重要作用。直到1967年最高法院的一个判决之前,种族间的婚姻在许多州里仍是非法的。今天,根据人口普查数据,有5.2%的已婚夫妇是"跨种族"结合的。(3)在配偶选择中,宗教或许不再像以前那样在美国扮演着举足轻重的角色,但其影响仍然十分明显。过去,三大宗教群体(天主教、新教和犹太教)禁止不同宗教的教徒通婚。如今,人们对持有不同信仰的人结合到一起的态度,已经放得比较宽松。不过,实际情况仍然是,我们更愿意选择一个和我们自己的宗教背景或者宗教信仰(或者是没有信仰)十分相似的伴侣。(4)社会阶层也影响着配偶选择。我们倾向于选择与我们所拥有的物质资源、社会资源和文化资源相似的人。其中最重要的一个因素是教育。没有读过大学的人倾向于选择和他们一样没有大学文凭的人结婚,受过更高教育的人则会选择同样受过更高教育的人结婚。在电影中,上司可能会爱上秘书、女佣或者妓女,但在现实生活中,跨阶层通婚不说没有也是少之又少。

理论上,丘比特之箭可以射中任何一个人。但爱情并不是盲目的。爱情是社会和文化力量的产物,这些力量促成了我们的选择。可以肯定的是,懂得了如何选择(真爱),我们就不会因为可以选择的对象太多而无从下手。

工作与生活的兼顾

社会因素影响了我们的关系这一事实,也有助于我们更好地理解家庭在涉及公共领域和私人领域之间的不平衡时产生的问题。人们总是发现自己竭力在家庭和工作之间寻求平衡,而最后往往是工作占据上风,所以现在涉及这一问题的自助书大行其道并不奇怪。

由于缺乏来自大家庭的有效帮助,问题常常会变得更加复杂。以前的家庭更能依赖这种帮助来减轻一些负担。但是在这个竞争性的经济社会,我们渐渐离开家庭去读大学。接着我们会经常流动以得到想要的工作,并继续为了晋升而流动。这样的流动,把我们与家庭及社区资源的联系割裂开来。

使问题变得更加棘手的是,我们对工作的投入要多于家庭,要花更长时间去工作,即使在家也要做一些与工作有关的事情,并会寻找能够满足我们情感需要和心理需要的同事。许多人这样做都是出于经济考虑。

工作和家庭之间的不平衡,深深地影响了配偶之间以及父母与孩子之间的关系。有研究者指出:真正不平衡的是市场活动和非市场活动(包括社区和家庭纽带关系)之间的关系,我们的工作没有为我们留出时间来尽家庭责任。随着工作场所的变迁,我们对家庭生活的理解和参与也发生了改变。我们现在比先前往往会期待更多的家庭情感这一事实,更是加剧了这些变化的影响后果。

家庭与变迁

我们所有人都可能会找到社会力量影响家庭选择的证据。本章一开始讨论的家庭结构转变,确实可以用我自身的经历来加以佐证。我的父母1957年高中毕业就喜结良缘。早婚的当然不仅仅是他们,到1959年,几乎半数女人都在19岁前就已结婚。我的父亲去上班,母亲则留在家里抚养孩子。他们23岁时已经有了3个孩子。比起父辈那代人,我这一代人的经历可以说是迥然不同。尽管妻子和我高中就相识,但直到大学毕业我们才结婚。后来我们俩都去读了研究生,我从事一份全职工作,10年后我们才要了第一个孩子。现在年轻人结婚的时间比起我们要更晚,他们首先要完成学业并找到一份工作。至于未来,在埃米莉和埃莉诺仍在上小学的时候,我们就已经告诉她们将来有一份好工作的重要性。正如上面我们看到的,婚姻已从过去你以此确立自己步入成年人的大门，转变到现在你在经济和社会上可以独当一面之后才做的一个选择。

这些变迁反映了家庭作为公共社会机构的重要性正在日渐萎缩。过去家庭在提供社会、政治、教育和经济资源方面常能发挥重要作用，现在家庭正在变得日益私人化。现如今，工作已经脱离家庭转入公共经济领域。政治已经成为现代国家的产物。学校正在发挥着越来越重要的社会化角色。这些结构转变的结果就是，我们需要重新审视家庭为何物。可以说，关注的焦点已经转向了家庭的功能。

在家庭结构和功能不断变迁的过程中，我们今天所面对的最大的家庭困难之一是：如何兼顾工作和家庭。结果很可能是，重组家庭来适应工作生活。由于经济领域在我们日常活动中的重要性日益凸显（我们大部分人的时间都用在了经济领域），因此我们将会看到组织家庭的方式还会变化，这看起来是不可避免的。

若认为雇主的权力将会持续影响我们的生活，或许有人会说，我们最终会返回家庭和工作合为一体的一些家庭形式；人们基本的关注焦点，或者说一切流动的通道，将会是工作而非家庭。我不知道在那样一个世界里会出现什么样的家庭结构，来使我们融入社会中、满足我们的个人需要。但至少，无论发生任何变化，社会学的工具和概念（例如，用家庭有何作用而不是家庭是什么来定义家庭，以及始终考察经济和社会变迁如何塑成我们的家庭），都能使我们灵活应对发生的任何变迁。

思考题

1. 特维问戈尔德："你爱我吗？"为什么现在看起来丈夫问妻子这样的问题会让人觉得是一个奇怪的问题？为什么他们没有早一点提出这样的问题？

2. "长大后我们想成为怎样的人"这一想法，如何因不同的家庭类型而改变？对不同性别来说，这一情况又有怎样不同？

3. 想一想你过去的家庭，你的哪些"生活机会"是在出生时继承的？

4. 多数人都认为浪漫的爱情是选择伴侣最好也是唯一的方式，但也请考虑一些包办婚姻可能有的好处。

5. 我们今天处理家庭和工作关系的方式，会使家庭面临怎样的僵局或问题？我们可能会如何重组工作、家庭以及二者之间的关系来缓解这些问题的影响？

[第十章]
教 育

我在读博士时，我父亲常叫我职业学生。事实确也如此。我在校园里度过了人生大部分时光，而且在可以想见的日子里，这似乎是一个没有止境的旅程。我不得不承认，自己曾无数次问自己："这样做是否值得？"这个问题我也经常从一些大学生那里听到，他们想知道这样做是否值得。在一年中论文和考试蜂拥而至的那段时间，我会经常听到他们问这个问题。受教育要付出大量的时间、努力和金钱，而其回报却不是立竿见影。我们投入如此之大，当然希望最终的回报十分丰厚，证实我们的付出是值得的。当我最终获得毕业证书，尽管我父亲可以在向别人介绍我时说："这是我的儿子，一个博士。"我却不认为他会为此而感到更加自豪。至于我的学生，我希望看到他们毕业后接着找到一份好工作，对社会有所贡献。

我们为何要在教育上投入如此之多呢？最直接的回答是：我们

认为从个人和集体的利益考虑值得这么做。一方面，我们学到了生活的深层奥秘，正如杜波依斯所言："真正的大学教育只有一个目标——不是教你学会怎样谋生，而是让你懂得这被物质滋养的生活的意义和目的。"另一方面，我们也获得了胜任一份好工作所必需的技能和文凭。教育使我们获得必需的技能和知识来提高我们的生活质量，并且使我们所生活其中的这个世界变得更加精彩。

为了理解学校教育的价值和目的，社会学家将研究的重点集中在个人与社会的关系上，并试图认识双方互动的产物。结论是喜忧参半。从积极的一面来说，教育有助于建构和维护社会秩序，促进个人成长。从消极的一面来说，教育也帮助构建并维护了社会权力与不平等。本章我们就来探讨这一矛盾。我们首先来了解美国公共教育的发展背景（人们认为这种教育方式可以给来自不同阶层的孩子提供同等的机会），接下来分析教育为个人和社会整体带来的有益方面，最后分析教育又通过哪些方式不可避免地导致了可能会永远持续下去的不平等体系。

教育与机会

教育在美国历史上的发展，是一个不断扩展与制度化的过程。我们可以看出"扩展"的事实在于，越来越多的人走进学校接受更长时间的教育，获得更高的学位。随着教育的正规化并成为社会公共领域显著的一部分，教育逐渐走向"制度化"。教育机构变得更加专业化和科层化，并试图更有效地为全体国民提供服务。

美国教育体系之所以日益扩展与制度化，是因为我们相信学校已经成为全体公民能够成功立足于社会的有效途径。无论学生的家庭背景如何，学业上的成功都可为其提供机遇。但也并非所有的社会都对教育持有这样一种民主的观点。教育体制随着政治体制变化发展的路线，有助于解释教育是如何成为一项无论公民的支付能力如何所有人都应享有的一种权利。

美国教育体系简史

在建国前及更早时期，家庭承担着教育子女必要知识和技能的职责。就像那时的家庭与工作之间没有根本性的分离，对大多数人来说，那时的家庭与教育也没有根本性的分化。虽然也有一些学校，但并非免费义务的，因而也就不是大多数人能够负担得起的，而且这些学校通常都与教会相联系并提供宗教教育。

然而自美国建国初起，就有一些人士指出公共教育是必不可少的。例如，富兰克林（Benjamin Franklin）在1749年写道："没有什么比让年轻人接受良好教育更有益于一个国家的建设和发展，更有益于一个民族的智慧、财富和力量、美德和虔诚、社会福利和人民幸福的。"后来杰斐逊总统也提出了关于教育的几项基本原则，对教育朝着我们期望的方向发展起到了持久的影响。同时，他也确立了关于学校的基本目标。从一开始，公共教育的目标就包括实现个人需要（个人需要必要的培训和提升）和满足社会需求（社会需要有知识的公民来担任社会、经济和政治方面的领袖)两个方面。

但直到 19 世纪中期,教育改革者们才成功地将公共教育普及扩大。1848 年,"公共教育之父"曼(Horace Mann)指出,普及教育能够抛开身份背景给个人以机会,进而成为人们地位的最佳均衡器——社会机器的平衡器。在他就任马萨诸塞州教育部长期间,他建立了一个包括众多学校在内的公共教育系统,这些学校被称作"公立学校",提供免费教育。这使得众多孩子第一次得以学习同样的课程。

早些年,这些学校只向男孩(几乎全是白人男孩)开放。直到 19 世纪中期,才逐渐扩大到招收女孩,虽然通常是在相互分离的学院。尽管原则上曼主张教育不分种族,但事实上,美国的学校体系针对非裔美国人却在很大程度上存在着隔离和不平等。马萨诸塞州是第一个克服了公立学校中种族、肤色和宗教信仰障碍的州,但即使在这里,也是直到 1855 年才得以切实推行。

南北战争后,随着奴隶制被废除和各州的重建,为非裔美国人争取更多教育机会的斗争日渐扩大。作为教育家的非裔美国人华盛顿(Booker Washington)最初主要在职业教育方面为非裔美国人争取更多权利。杜波依斯批评华盛顿的解决方案层面太窄,他侧重于为非裔美国人争取更高层面的教育机会。他主张,社会需要接受过高等教育的非裔美国人作为其文化、教育、经济和政治层面的领导。杜波依斯在 1903 年提出:教育和工作是提升一个人的两大杠杆;工作只有在正确思想的鼓舞和知识的指引下才能发挥作用,教育并不仅是简单地教会个人怎样工作,更要教会人们怎样生活。杜波依斯视教育为获得自由和机会的关键因素,他曾说:"在人类为之奋斗了五千年的所有权利中,毫无疑问,教育是最根本的权利。"

整个20世纪,教育的包容性原则和不平等现实之间的对抗一直都在持续。1896年美国最高法院对"普莱西诉弗格森案"的判决为其搭建了舞台。最高法院规定,公共设施(如公共交通、医院、学校等)针对种族进行隔离。这一规定将教育体制中的不平等给合法化了,减缓了改革者们扩大非裔美国人教育权利的进程。不过,1954年最高法院对"布朗诉教育局案"的判决,重新肯定了教育的包容性与平等性原则:学校不论种族,一视同仁向每个人开放。其深层意义在于,教育是获得机会的基本途径,每个人都应平等地获得。这一判决是我们通过教育划分等级这一坚定信念的一个典范,我们相信,是能力和努力,而非世袭因素,决定着社会结果。

同样为确定教育平等化而进行的法律斗争,是争取男女享有平等的教育权利。这方面最为人知的案例当属1972年的"教育法第九修正案"。尽管这一法案讨论的焦点在于体育运动方面,但其目的很广泛:使女性获得与男性同等的受教育机会和运动项目。第九修正案扩大了女性参与体育运动的机会,显示了法律里程碑式的影响。建立法律先例和章程,能够而且确实为个人获取教育资源带来了截然不同的局面。这表明,社会变迁是可能的,社会措施可以解决社会问题。

获得教育权利

理想化的学校是,不管人们的社会背景和出身如何,都能通过受教育而实现流动,而且所有人都同等享有受教育机会。但正如我们所看到的,教育并不总是公平的。教育权利的扩大,是持续演变的公民权利的组成部分。社会学家马歇尔(T.H.Marshall,1950)划分了公民权利的三大类别,它们是随时间而出现并扩大的:

- **公民权利,包括个人自由**。这些公民权利受《权利法案》的保护,是美国宪法的前十项修正条款。包括言论自由、集会自由、拥有枪支的权利和宗教信仰自由。
- **政治权利,赋予参与政治过程的权利**。原则上,任何公民无论阶级、种族和性别,都能通过选举和竞选而参与政治。当然,在过去,政治参与权并非普遍得到保障,直到1870年美国宪法第十五修正法案将政治权利扩大到非裔美国人,1920年第十九修正法案将权利扩大到女性。
- **社会权利,为我们的福利和保障提供服务**。我们认为,最低生活标准对于确保我们能够践行公民和政治权利是必需的。政府应力图减少不平等所带来的影响,尤其是那些因世袭因素所造成的影响。政府通过提供各项社会服务,确保公民获得基本的社会文化资源。我们从市场体系中分离出一些作为公共服务的部分,如警察、消防、邮政等,使每个人无论支付能力如何都能得到最低保障。

在今日美国，教育被列为一项社会权利。现在我们认为，全民都应获得免费义务教育直至获得高中学历。虽然目前通过国家财政拨款还无法保证全民的大学教育，但我们正在试图通过争取社会团体的资金支持，使迈进高等教育的门槛降得更低。

然而教育作为一项社会权利，其包容性的发展并没有消除不平等。事实上，教育正是建立在不平等的基础之上，其目的在于以能力而非以阶级、种族和社会性别这些因素来划分人群。年级与学历程度都影响到等级分层结果的存在。就像马歇尔所指出的，"所有儿童拥有平等的机会进入小学，但在早期他们就被分为三个层次：优等生、普通生、落后生"。也许马歇尔的言词有些直白，但我们可以看到：在学校确实有一些学生做得好，有些则不尽如人意；而且正是那些我们得到的（或未得到的）文凭，影响了我们可获得的机会。

只要最终的结果不是由最初的地位来决定，这套体制就能被我们所接受。我们相信结果并非基于父母的贫富，而在于个人的能力和努力。然而，这里仍有一些因素需要我们考虑。虽然教育是我们得到机会的工具，但学校也会通过一些方式不断维护现有的不平等体制。下面我们先来看一下学校对个人和社会所具有的积极作用。

教育与社会秩序

不管是集体还是个人,我们都期待着教育能为我们带来点什么。社会需要有知识技能的人为其做出贡献,个人需要知识技能来生存发展。在社会学家看来,我们能从教育中得到的益处包括社会化、文化传递、职业培训、文化创新和儿童保育。

社会化

教育的最基本功能就是社会化。社会化不仅仅发生在学校,我们同样可以从家庭、同事、朋友那里学到很多东西,但学校却是致力于传播文化和教授我们所需技能的专业机构。我们需要在我们的头脑中形成一幅社会地图,而学校就将这一点提供给了我们。通过学校,我们从家庭的私人领域过渡到了社会的公共领域,并学习作为成员参与者和社会公民所必需的价值和规范。

文化传递

学校传递文化。孩子们为了在社会中生存,同时也是为了确保社会自身的存在,而学习基本的常识和必要的技能。这种文化传播包括正式文化和非正式文化。

正式文化

所谓正式文化,就是我们所说的"为了考试而必须了解和学习的"。在学校里，我们需要学习读、写、算，以及历史、科学等科目。在幼儿园，我的女儿埃米莉和埃莉诺学习了"字母朋友"、颜色，还有从 1 数到 100 等。在一年级，她们要学习阅读。仅这门知识就能改变孩子们的世界，使她们走进充满经验和思考的崭新世界。设想一下，若是没有阅读能力，我们的世界将会是怎样的一个世界啊。在整个求学阶段，我们不断学习和分享知识。总的来说，我们要感谢学校和老师传授给我们知识。

为什么我们要学习 2+2=4、"哥伦布在 1492 年远航发现新大陆"这样的知识？答案很明确：有一个每个社会成员都应掌握的知识库，它对我们集体来说很重要，它代表我们共同的文化，为我们进行变革和人与人之间的互动提供必要的基础。虽然没有人可以掌握其全部，虽然有些知识只对那些参与《谁想当百万富翁？》之类电视节目的人才有用，这些知识对于认识我们是谁和我们相信什么仍很重要。正如涂尔干所言，正式文化就是我们集体良知的一部分，是把我们联系在一起的部分。

当然，对于哪些应该被包含在我们的基础知识库里和怎样确定哪些必要的知识被涵盖在内，还有很多争议。我们是应该"回归基础"，"重温经典"，"阅览百科全书"，还是应该体验"价值观"，学习"智能设计"或是进行"性教育"或其他什么？有关学校应传授什么的争论一直持续不断，教育当局也是一直承受着来自各个方面的压力。

为了确保让学生学到那些我们认为必要的知识，我们越来越将目光投向标准考试。最近几年，基于不同的考察目的，我们使用了不同形式的考试，如针对大学入学的 SAT 和 ACT 考试，针对高中毕业的学生能力测试，针对教师的教师资格考试，决定学校基金去向的学校考评。在这些方面也存在诸多争议。一些人认为，诸如此类的考试，会造成将注意力集中于中等学生而忽略优等生和差等生的非预期后果。无论我们组织什么社会项目，我们都应预见其可能产生的非预期后果并合理地做出调整。

非正式文化

除了学习正规知识，我们也应该了解非正式文化。这是一些不在我们的学习大纲之内，但也许对我们的生存具有同等重要意义的知识。我们既然要学会在同辈文化中定位自己，就会接触那些可能不适于正统学习的思想和言行。

传播非正式文化的一个主要场所，就是在每天接送孩子们往返学校的校车上。这是一个拥有自己价值、观念、信念、知识和规范的小社会。孩子们很快就会学会可以坐在哪里，很快就会听到在家里或在学校不被允许的话语、歌曲和笑话。同样的事情也发生在孩子们混在一起玩的操场上。

学校环境会为孩子们脱离家庭形成独立个体创造空间。家长们也不用整天守在孩子们身边，看管着他们是否有正确的言行，是否把衣服放在壁橱里，对别人是否友善，甚至当孩子受到伤害还要保护他们。学校是一个让孩子们学会自立以及与**同辈群体**（即年龄相近、有特定社会交往的孩子们组成的群体）建立联系的地方。随着年龄增长，同辈群体的界限越来越明显、牢固，他们与父母之间的距离也越来越远。

由于美国的教育组织方式，同辈群体文化在我们的社会中具有一定的影响力。我们根据年龄将孩子们划分成不同的群体，这比权威数据所显示的更多地限制了孩子们与成人（如老师、教练等）的交往。在情感支持和社会取向上，他们更依赖于朋友。简单来说，父母在日常生活中与孩子的联系，在上学后要比上学前减少很多。我们的教育和关于个人主义与自立的价值观共同作用，不可避免地造成了学龄阶段的亲子沟通缺乏和亲子对抗。

同辈群体中通常也存在等级性。社会学家阿德勒夫妇（Adler and Adler, 1996）在其针对小学生进行的怎样才能受欢迎的参与性观察中发现，从一开始群体中就会建立层层秩序，从最高层的"受欢迎的团伙"（主要包括"酷仔"）到最底层的"社会孤独者"（"讨厌鬼"或"蠢货"）。在其他关于学龄儿童的调查中，他们还发现：要成为一个受欢迎的男孩，你必须是运动型的、坚强的，而不是文绉绉的；要成为一个受欢迎的女孩，则要有吸引力、会用交际手腕，或是生长在一个能让你购买最新最炫产品的富裕家庭。

虽然我们认为重视让孩子们独立自主是重要的，但具有讽刺意味的是，同辈文化却并不是个人主义的。孩子们，尤其是青少年（在个人主义的名义下），结成群体相互模仿言谈举止。当然，父母通常都会教育自己的子女不要受同辈的影响，事实上他们真正的意思也并非让自己的孩子完全不受同辈影响。他们所引导的是，不要让孩子受到不良的同辈影响。他们心目中的理想同辈能使孩子成为"好孩子"，或者更好的情况是，家长施加的压力能够以社会压力的形式为孩子们所接受。

职业培训

除了这些一般的文化传递，学校还是学习对将来工作有用的知识技能的地方。当一个孩子说长大后我要成为什么什么时，这段长久的时期就是学习的时期。在幼儿园，埃米莉曾表示"长大了我要当麦当劳员工"。虽然这是一份对工作技能要求相对不高的工作，但仍需要我们在学校学习包括书写、有效的表达、收银等基本技能。进入一年级后她又表示："我要当小学一年级教师。"当然，这意味着她需要进入有小学教育专业的大学。无论她最终会选择什么方向，事实上，所有专业都需要一定程度的教育资历，只是要求的程度有所不同而已。

根据涂尔干的观点，由于社会分工不同，要求不同的人在不同的岗位上掌握不同的技能，学校则负责为这些不同的岗位选择和培训人才，并在这一过程中教授相应的价值观以使人们共同合作。我们期望学校能为不同的职业筛选出最合适的学生，并使其在最大程度上汲取知识技能。比如，我们希望擅长数学和自然科学的学生能够从事医生工作。我们把学业成绩作为这些能力的一个指标，并提供了不同的等级来确保毕业生有足够的专业知识去胜任工作。然而，接下来我们将会看到，实际上学校在完成这项任务的程度上仍存在问题。

文化创新

教育体系不仅试图通过向下一代传递文化来传承文明，它同样也是进行社会变革的场所。学校至少会从两个不同的渠道引发社会变革。

文化创新的首要源泉是研发。美国主要的大学都将研发作为与教学同等重要的一个基本职能。大学和大学教授们偶尔会因没将足够时间花在教学上而受到质疑和攻击，但我们却要依赖他们在医药、科技、信息等方面的最新研究成果。很多大学的研究都是依靠政府、基金会或企业的资助。

来自高校的第二种创新是文化上的。新理念能作用于我们的认知文化，形塑我们的世界观与行为。批评家们也许会指责一些持有革新性或非寻常观点的大学教授，将他们视为激进人士而不屑一顾，或者批评他们不懂人情世故，但我们仍希望他们可以试验这些新的理念以免我们的文化止步不前。

也许没有任何一个时期能比20世纪60年代更为认同这些具有创新性的试验。大学校园成为承载新理念、新实践试验的温床。那时的人们认为，人类有能力改变世界。当时一个特别有力的主题是颠覆专制，扩大自由。虽然60年代的这种精神如今在流行文化中的地位已逐渐落后于毒品及性试验，但一些思想却仍有助于激励人们为公民权利而奋斗，同时也为国际解放运动提供支持。

并非所有的创新都是不合时宜的。然而，校园的确是一个相对安全的所在，能够保护教授和学生们提出一些诸如我们是谁、我们为什么会有自己这样的行为方式，以及我们期待怎样的改变等这些基本问题。存在一些来自校内及校外对这些新观点的负面反应，也是可以想象到的。

儿童保育

过去，照顾和教育儿童的主要责任都由家庭成员来担负。渐渐地，我们希望把这项工作交给学校和老师来做，于是进入学前班和日托班孩子的年龄也就越来越小。对于那些第一天送孩子（尤其是第一个孩子）去日托班、学前班或幼儿园的家长们来说，从家庭的私人天地过渡到教育这一公共领域是困难的。这不仅代表了孩子地位的变化，也是整个家庭日常生活和结构的一次重要改变。

经济状况的改变，促进了这种向入托和学前班的倾斜。在现今这个充满竞争性的全球世界，人们认为早期教育可以为个人学习技能打下良好的开端，这些技能是保持其社会地位和维持社会经济发展所必需的。除此之外，在职父母不仅依赖学校教育他们的孩子，更依赖学校提供的基本照顾和护理。由于学校对在校期间的孩子负责关照，自然也就有效地解放了家长，使他们可以更好地投入工作中。怎样与孩子相处成为后现代家庭的一个核心问题，解决这一问题的一个方法就是扩大教育。

除了教授基础文化技能，我们渐渐希望学校可以做得更多。例如，埃米莉和埃莉诺所在的校区参与了"性格培育"课。这门课教授被称为"性格六要素"的六个方面：信赖、尊重、责任、公平、关爱和公民性。设立这一课程的目的，在于建立一种"能在家庭、教室、办公室应用的，不违背政治、种族、宗教、社会性别和社会经济敏感的伦理价值观"。正如这句引文所提到的，这门课程的设计并非仅局限于学校，而是还适用于公司和社区。其涉及学校的隐含假设是，孩子们需要从学校而非家庭得到这种教育。

教育与不平等

毋庸置疑，我们的教育体制产生了很多积极效用。我们认为学校为每个个体和整个社会都提供了其所需要的东西。我们认为教育拓展会扩大所有人的自由和机会。我们相信，一个人的社会地位应当以其才智、技术、能力和学习为基础，而非取决于父母的地位。我们信赖学校能够公平地选拔出拥有适合不同职业能力的人并对其进行平等培育。我们相信：富家子弟若愚笨会一事无成，穷家孩子因其聪明才智则会有所作为。

但与这一理想相反的是，教育体制也有助于限制机会，使学生们保持在同其家庭出身一样的社会等级上。例如，就像社会学家拉鲁（Annette Lareau，2003）在《不平等的童年》中所指出的，父母的受教育水平会影响到子女：母亲受过高等教育的孩子，在整个学习阶段，比那些母亲受教育水平较低的孩子表现更出色；到大学入学考试时，两者之间的差距更为悬殊。这个例子体现出一个基本的社会学观点：我们所处的社会地位十分重要，它既能为我们提供有利的资源，也能带来我们想要的结果。然而问题在于，这个事例的结果与我们的教育理想背道而驰。

下面我们就来分析教育可能有利于永久维护不平等体系，可能只对已经拥有经济、社会、文化资源的人有利的问题。例如，值得注意的是，作为一种制度，教育的扩大与工业革命和家庭与公共制度的分立密切相关。当然，有些人会视教育为达成个人自由、解放和公正的工具，但与此同时，教育的扩展和正规化也符合工业化经济发展的需要。企业需要具备基本知识技能的员工，同时也需要能接受权威服从上级的职员。教育体制内的三类机制：社会控制、分轨和不平等的资源分配，有助于维护社会不平等，并在这一过程中展示了其差异造成的结果。

社会控制

学校通常通过控制课程和教育环境设施来帮助维护社会中既有的不平等。考虑一下学校里的正规课程：它必须是具选择性的（毕竟在学校里没有时间教会学生所有的东西），但什么被舍弃了呢？长久以来，来自妇女、种族、少数民族和贫困者的呼声没有得到表达。历史一直是用一种单一的，且绝大多数是来自上层社会白人男性的视角来进行表达。近几年来，学校已经开始尝试为那些被排除在外的人代言,这些人虽然对社会有重要贡献但却容易被忽视。但尝试为课程带来新的声音,无论是什么程度的尝试,都会遭到强势群体的反对。另外,行政人员和教师都是属于受过良好教育、在社会中受到尊重的人群,他们至少有中产阶级水平的收入。因此,即便他们传播文化,传播的也只是主导群体的文化。

虽然正规课程中存在许多问题,但人们对**潜在课程**(指内嵌于教育结构中关于如何思考和行动的课程)也提出了质疑。潜在课程鼓励学生接受现状。批评家们认为,我们在学校中真正学到的是:应该配合/接受权威,不要批判思考事物,承认社会变革很难——如果不是不可能的话。由此学校造就出了一辈又一辈驯良的学生,使他们成为易于管理的员工。学校更多的是将学生社会化为具备适合工作岗位言行的人,而不是传播学术内容。,学校还教孩子如何为了报偿(成绩)而努力,如何进行团队合作,如何如期完成工作,如何为一项任务或产品负责,以及如何遵守规章等等。

不接受这些教化的学生就会以获得差等成绩、遭到批评或是得到直接惩罚的方式来承受消极结果。现在我仍记得我上一年级时的一次经历。有一天我的老师受够了我"在课堂上交际过度",用根白绳将我绑在椅子上。当她看不见我的时候,我用粗蓝芯铅笔一股一股地解开了绳子。然后我静静地听完了课,而不是迫不及待地去继续"交际"。等到她告诉我可以活动时,我想给她看其实我早就可以在任何时候起来了(但我并没有这么做)。我有时会想,我们花费如此多的时间讲纪律,而不是让孩子有更多的创造力和活力,社会将会因此而丧失什么？

分轨制

　　学校采取的能够削弱以能力和努力为基础的任人唯贤制这一理想的第二个主要方式，就是常见的**分轨制做法**：以其所认为的能力相近为基础，把学生分到不同的班级。学校中的分轨，以各种名义进行，包括"潜力与天赋"，大学预科与职业学习，女童训练营与男童训练营，课外阅读和其他许多类似的课程。通常，我们会简单地认为分轨是有益的，因为它可以使学生在与他们的能力相一致的水平与速度下接受教育。然而，实际上，学生们在很小的时候就被分轨，而他们属于低能力群体还是高能力群体的划分，往往与他们的社会阶级或种族／民族地位有关。更直接地说，富人家的孩子常被分到以进入大学或从事专门职业为目标来培养的群体中，穷人家的孩子接受的则往往是为低级别工作做准备的教育。

　　分轨会产生长远的影响，限制或带来前进道路上的机会。例如，在我上高中时，一些学生被选拔去学习高等数学课程。被包括在内还是被排除在外，也就决定了你是否有选择高中高年级数学课程的可能。最高层次的课程只向那些在八年级被认为有较高数学水平的人开放。

　　分轨似乎格外不公平，因为并非所有的孩子都有同样的机会获得成功。孩子们带着不同的文化资源和诸如语言技巧、阅读技巧、知识经验等支持条件进入学校，这从一开始就影响了他们的成绩。他们的父母在处理与学习相关事务的方法上存在显著差异。比如说，中产阶级父母更倾向于用道理说服孩子，而工人阶级父母虽然在孩子做得出格时会进行严厉教训，但他们更倾向于对孩子不管不问。中产阶级的处理方式与学校文化更为契合。中产阶级父母也比工人阶级父母更容易因成绩糟糕而惩罚孩子，或因成绩优异而奖励孩子。通过分轨来隔离孩子，加强并固化了这些差别，而非缩小差别或帮学生克服它们。

但我们很难因为分轨的不平等而去指责教师或学校的行政人员。他们希望给予每一个学生同样的成功机会，而且通常还会把分轨视为实现这一目标的最佳方式。他们的想法是这样的：不能让稍差些的学生妨碍聪明的孩子，也不能将稍差些的孩子与聪明孩子混合教学而伤害前者的自尊心，而应向学生传授适合他们水平的知识。这一模式的问题在于，它加剧了而不是缓和了孩子在进入学校后教师与行政人员试图消除的那些既有的社会差距。例如，很难想象那些没有学到与聪明孩子相同课程的差生如何赶上来。另外也有证据表明，那些被分到低级别组的孩子自尊心较弱，认为自己愚笨，从而失去了积极性，最终学业成绩差似乎成了自我实现的预言。

父母们对分轨的支持也是可以理解的，尤其是当他们的孩子被分到大学预科班而不是职业学习班时。当我的两个女儿上二年级时，从她们的学校经历中我发现了分轨的迹象，但我不确定自己是否想去阻止。一方面，我希望埃米莉和埃莉诺能接受挑战去获取成功的机会。另一方面，我又不确定是不是真的要助长这一对所有人而言可能会限制其机会的体制。由于父母拥有博士学位和比较有声望的工作，她们俩更易于获取经济、社会、文化、组织方面的资源，这使她们比其同学拥有更大的优势。（重读前面的句子，我意识到这听起来多少有些势利，但我们不应该为此而感到羞愧。假装认为这些资源获取方面的差距不会影响最终结果，是错误的。）

从一个社会学家的视角来看，分轨无疑是帮助维护不平等现状的一种机制。学校肯定并强化了具有优势的人的文化资源，由分轨加剧的隔离又再生产了学生们最初进入学校时存在的社会阶级差异。那些实行分轨制的学校就像守门人一般，事实上是在对不同的学生说"你能做医生"、"你能当技工"、"你可以做秘书"等等。学校向我们指出了各种不同的道路，但它们也可能与其说是以能力与努力为基础，不如说是以阶级、种族、民族或社会性别为基础而限制了我们的选择。

不平等的资源分配

现在我们提供了普遍接受公共教育的机会，并在法律上保障平等享有教育设施，我们往往认为学业成败取决于个人。然而，教育资源和设施方面存在的巨大差距仍然存在，并对学校教育有着显著影响。我们怎样拨款办学及学校得到多少资金都会影响最终结果。

美国的公共教育基金，主要依靠当地财产税。学校基金中只有8%来自联邦政府。因此，那些生活在富裕地区的学生得到的社会教育资源，远多于贫困地区的孩子。在《野蛮的不平等》一书中，科泽尔（Jonathan Kozol, 1991）展示了贫困学校与富有学校截然相反的景象。在对芝加哥公立学校体系和一个北部发达城郊学校进行对比之后，他发现：较为贫困的学校，正为污水横流、教师解雇、供应短缺（包括粉笔，纸张）、支出削减而苦苦挣扎。而那些较为富有的学校则拥有最新的实验室技术；在物理教学中心有独立封闭的房间；有舞蹈教学排练室；有奥运会规格的游泳池；开设音乐、艺术和戏剧课程；教授多达七门不同的语言（包括拉丁语）和拥有学生电台。较富裕的地区每个孩子有价值34万美元的税收支持；而在较贫困地区则只有这一数字的1/5。地区财产税基础相差如此之大，两个地区的学校有着截然不同的教育环境也就不足为奇了。不久前，科泽尔（Kozol, 2005）又发现了此类不平等的证据，例如在伊利诺伊州2002—2003年度报告中，芝加哥公立学校用于每个学生的支出是8482美元,而海兰公园和迪尔菲尔德（北方两个富有的城市郊区）的支出则是17291美元。目前，在许多贫困地区学校中存在的这些情况仍在继续，对此除了说极为不幸外，没有更恰当的词汇可以形容。

人们很容易认为一个学生的能力与积极性再加上优秀的教师，可以克服基于不平等的资源分配所造成的不平等，从而使其有不错的学业表现。然而，研究者们发现，低花费与低学业成绩密切相关。来自贫困地区的学生，最终会认识到他们面对的重重障碍，并会基于这些事实而对他们的未来做出抉择。社会学家麦克劳德（Jay Macleod, 1995）调查了贫困的城市年轻白人男性对教育的态度。这些年轻人认识到，即使他们有正确的态度，拥有主流社会的价值观，刻苦学习，进入学校并最终毕业，他们也仍难提高其与生俱来的社会地位。他们环视四周，看到的是曾努力过却失败了的家人，因此他们得出结论，付出与回报并非对等。假如他们无论怎样都会失败，那么牺牲友谊和课外兴趣而将时间和努力都用于学业，也就成为毫无吸引力的一种选择。

教育与变迁

当涉及我们如何想和如何做时，教育扮演了一个重要的角色。通过教育制度，我们传递文化并因此再生产社会本身。我们学习作为一个公民所必需的知识和技能。但对我们如何实现这些目标却仍待商榷。一种趋势是，由于公立学校在某些方面的文化信息传递不合时宜而主张使教育私立化；另一种趋势则是，努力维护教育体系成为社会机会的发动机。我们希望教育能为所有人提供机会，因此我们应该努力奋斗去找寻实现这一目标的最有效途径。

可以考虑一下家庭教育的趋势，它在许多方面反映了与家庭去制度化极为相似的教育去制度化。几十年前认为教育应当统一管理、政府是最适合的教育提供者的想法，今天已经不再那么被认同了。父母们希望有更多的余地，并寻求包括兴趣学校、寄宿学校、私人教会学校，尤其是家庭教育在内的更加个人化的选择。家庭教育的扩大表明，越来越多的父母认为，学校极少提供孩子们需要的东西而又提供了太多他们不需要的。某种意义上，这一变化反映了对主流社会及其价值规范的一种拒绝，也是我们更加个人化和多元化趋势的一部分。虽然新式教育可能会更好地满足当今社会不同群体的个别需要，然而它们也会逐渐削弱传统的利用教育体制来加强美国人民团结的作用。

作为一种制度，教育也在努力尝试去避免不平等的再生。这尤其对我们持有的观念提出了疑问，我们的观念是：教育能力可以克服资源获取上的差异。教育的确给每个人都提供了社会流动的机会，但它也掩盖了我们丧失机会的程度，并由此帮助维持了现状。从社会学角度来说，我们需要进一步追问：是哪些因素影响了机会？例如，虽然高中教育的差距有了可喜的改变，但非裔美国人的大学入学率尤其是大学毕业率仍旧远远落后于白人学生。

不平等的学业结果问题，根植于更大的社会体系中，也因此而更加难以解决。我们不能只将努力集中在为较贫困地区的学校输送更优秀的教师和更平等的资源，或是教导学生更加努力。孩子们的校外阅历同样塑造着他们的校内经历。因此，为了使教育真正成为社会的公平力量，我们应尽力消除社会阶级对孩子的影响，我们必须追求包括政治和经济在内的全面平等。在关于社会阶级的下一章中，我们将会更加直接地讨论应予变革的这些结构性障碍。

思考题

1. 教育是如何成为家庭制度与经济制度间的桥梁的?

2. 教育如何帮助人们克服在获得物质资源、社会资源和文化资源方面的不平等?在此过程中会遇到哪些限制?

3. 公共教育现已覆盖高中阶段,它会进一步覆盖大学教育吗?如果会的话,为什么还没有实现?

4. 为什么随着我们的成长,我们从学校同龄人中习得的非正式文化渐渐与正式课程一样,对我们的社会发展同等重要?

5. 青少年同辈文化的增长与教育的制度化有何关联?

6. 相对于其他制度,为什么说学院与大学是文化创新的安全场所?

7. 致力于提供平等机会的教育体制如何再生产了不平等?

[第十一章]

保持信仰

宗教及其等价物

"我信，但我信不足，求主帮助"，这是一位父亲带着他的儿子在向耶稣祷告。耶稣只是告诉这个父亲，如果他笃信，一切皆有可能。这位父亲在信与不信之间进行着激烈的思想斗争。对很多人来说，这种斗争在今天仍在继续。而在社会学发展的早期阶段，社会学家就曾预言宗教在公共生活和私人生活中将不会再扮演重要角色。他们预言，人们将会转向将科学和理性作为解释的另一源泉。本章我们将会分析关于宗教的各种各样的社会学解释。一些人主张，不管现在还是将来，我们都会变得更加世俗化；另一些人则将注意力转向了宗教的功能等价物，他们认为宗教仍将存在，并会发展得很好，但会采用不同的形式；最后，我们将会分析那些主张宗教多元化和政教分离不仅会实现世俗化还会使宗教更具生命力的观点。

为了寻求宗教的社会学解释的根源，我们需要先回顾一下过去。

第十一章 保持信仰

工业革命以前,宗教在社会生活中占据统治支配力量。例如,作为一种制度,宗教比教育更重要。与家庭一样,宗教是一种强有力的、主要的、影响公共生活和个体宗教信仰的制度。宗教领导人在社会中扮演着很重要的领导角色,在许多欧洲国家,都是由政府出资兴建国家教堂并给予支持。

伴随着现代化的开始,宗教竭力维护其在公共领域中的地位。就像我们在第二章中所谈到的,思想启蒙运动和科学的兴起,带来了类似于工业革命的知识革命。很多人都达成了这样一种共识:与宗教相比,科学给我们提供了更好的解决问题的方法。这种观点的一个典型代表,18世纪的科学家拉普拉斯宣称:我们具有能预测过去和将来任何时候每一个体行为的可能性。当拿破仑问上帝跟他的宇宙论模型在哪些方面相一致时,拉普拉斯回答说:"阁下,我不需要这种假设。"社会学产生于不主张宗教信仰的背景下,把自己当做一种优于宗教的理性的、科学的解释。

然而,随着时间推移,社会学家开始意识到,宗教比他们预期的更具有适应性和长久性。这也使得一些社会学家开始重新评定宗教,并认为宗教可以另外更适合现代生活的形式存在,比如体育运动。最近,宗教社会学领域一项新的研究发现,宗教仍然存在并且还发展得很好,甚至大部分传统宗教形式都是如此。他们认为,宗教信仰对于人们的信念、行动的影响,仍然居于核心地位,而且宗教团体之间的竞争,实际上也能增强这些团体在社会中的影响。下面我们将主要以美国为例,来说明宗教社会学方面的这些发展状况。

"三巨头"(马克思、涂尔干和韦伯)论宗教

马克思、涂尔干和韦伯这"三巨头"对宗教研究的影响可谓是举足轻重。关于宗教,马克思有一个或许算得上是最有名的社会学论断:"宗教是被压迫生灵的叹息,是无情世界的感情,正像它是没有精神的制度的精神一样,宗教是人民的鸦片。"根据马克思的观点,宗教使我们无法看到我们的现实利益。我们创造宗教是将其作为我们应对苦难、有时则是令人失望的现实世界的一种方式。

然而,我们并不能就此得出马克思认为宗教在社会中无足轻重或对宗教的分析不重要的结论。在上面马克思关于宗教的论述中,其第一层含义是:宗教是"被压迫生灵的叹息",这意味着通过关注宗教的呼声,我们可以很好地了解我们的关切、期望和梦想。而也正是基于这一原因,马克思才将宗教称为"是这个世界的总的理论……是人类虚幻的现实"。某种程度上,人们对宗教的理解是人们对人类社会理解的开始,或者就像马克思提出的,"对于宗教的批判是一切批判的前提"。换句话说,如果我们想要理解领悟社会世界,我们就要开始仔细认真地分析研究宗教及其象征意义。

马克思深信,在宗教中,我们不仅可以获得对我们人类至关重要的问题的依据,同时也可以获得权力在社会中运作方式的依据。宗教支持既有的权力结构,反对并阻碍改革。马克思认为,经济基础决定上层建筑。以宗教为例,信仰产生于生产的组织当中,同时信仰的产生又强化了现有的社会关系。例如,"穷人会在天堂得到报赏"

的观点，就抑制了他们对现存不公平制度的批判。从这个意义上来讲，宗教的功能就像药物一样妨碍人们去实现他们现实的利益。就像马克思所预言的那样，经济基础发生改变往往主要是由技术革新所引起的，宗教不仅不能改变经济基础，还会随着经济基础的改变而改变。根据马克思的分析，宗教必定会走向消亡。

涂尔干同意马克思关于宗教是对超自然力量反映的观点，并认为宗教也反映了社会自身的崇拜。涂尔干指出，"宗教社会仅仅是对人类社会的理想化"。在前现代社会，宗教是理解人们彼此之间的关系，自然界和各种痛苦、苦难及混乱经历的一种方式。

涂尔干提出了宗教在公共生活中的影响可能会逐渐降低的**世俗化理论**。如果有一天宗教消亡了，那是因为"其存在的必要性失去了"，社会关系或社会秩序发生了改变。从机械团结到有机团结的改变，是受劳动分工日渐重要这一因素的驱使。涂尔干认为，伴随着社会组织的发展和专业化的拓展，"宗教将会只包含社会生活的较小部分"。我们则从"一切社会方面都是宗教性的"环境，转变到了"政治、经济和科学等都在逐渐地脱离宗教控制"的环境。这一转变带来的结果就是，对个体来说，感到上帝对我们的约束在减弱，我们的行动选择更具自由性。

马克思和涂尔干都主张宗教是人类建构的产物。我们之所以会建构宗教，是因为在严酷不利的现实环境中，我们需要得到保护。马克思和涂尔干都具有进步的历史观，他们相信世界是在向着好的方向发展（尽管他们在美好的世界是什么样和我们如何实现它们方面存在显著分歧),并认为随着科学技术知识的发展进步和理性的增长,人们已经不再需要宗教提供精神支持了。

韦伯与他们一样,认为在现代社会宗教会弱化为一种相对力量。但实际上,韦伯更多是与我们熟知的**世俗化论题**联系在一起的。根据他的观点,当我们逐渐理性化、现代化和科层化后,社会也将会变得更加世俗化(神圣的东西减弱)。法理型权威由于其高效性将会取代更多非理性组织形式。另一方面,宗教作为传统权威的形式,则因支持信仰、上帝和神秘主义而缺少了理性。

根据韦伯的分析,世俗化最初是以公共领域与私人领域之间相互妥协的形式出现的。科学和理性为公共领域中的商业和政府决策提供了适用的原理,这就使得利用祈祷和占卜等宗教形式来决定公共政策的时代一去不返。现代政治家可能也会去祈祷,目的在于当人们关注投票选举时寻求某些个人内心的平静,但是我们并不期望看见参议院仅仅是一个抽签、提供祭品或者根据"是上帝告诉我们这么做的"而去做决定的地方。渐渐地,宗教退回到了私人意义和精神寄托领域。宗教可以满足我们的一些个人需求,但是迫使信仰进入其他领域(特别是政治和工作领域)则是不合适的。

韦伯预测,甚至私人领域也会最终世俗化。我们借助于理性工具是为了应对现代生活的挑战。一次简单的书店之行就可以证明他的观点:在书店,我们能够找到许多自助书,每本书都有一套解决生活中的问题和实现目标的说法。令人吃惊的是,甚至是在宗教书店,关于自助的书籍也是比比皆是。因此,在我们的生活中,仅仅依靠精神动力工作或是根据上帝来安排我们的生活，实在是风险太大，因此，宗教信徒准备向上帝伸出援助之手。

世俗化和宗教的社会学界定

多年来，特别是在20世纪50—80年代之间，韦伯的世俗化论题一直在社会学中占据主导地位。然而，世俗化论题的支持者和那些认为现在和过去一样离不开宗教的人一直都在争论不休。世俗化论题的倡导者认为，宗教作为一种在公共生活中的制度力量已经下降，个人主义和相对主义只不过使宗教变成了消费者另外的选择。世俗化论题的反对者则认为，通过调查人们发现，宗教和精神信仰仍在人们的生活中居于中心地位，宗教组织（特别是一些保守的和原教旨主义组织）仍在不断地发展壮大，因为它们存在于一种多元化和充满竞争的宗教环境中，并且当我们为了不确定的后现代性而在现代性中作交易时，信仰更为重要。

这种争论之所以一直延续至今，一定程度上是由于对宗教构成的界定存在差异。若能对宗教的界定达成共识，就可使我们更好地评价社会在什么程度上变得更加世俗化了。可以肯定的一点是，宗教将会继续存在，但会采用新的形式，修正宗教的定义可以使我们更好地了解传统宗教的那些功能等价物。

实质与功能

定义宗教的一种方法是，集中在宗教的实质方面，或者说宗教是什么。根据这种定义方法，宗教具有区别于其他形式的知识和信仰的独特内容或实质，这种独特性涉及一些超自然领域，换句话说，就是存在于外部的超出或与我们人类物质世界并存的现实，这种定义更适应传统或常规的宗教解释。伯格（1969）提出了这一类型的一个实质性定义："宗教是人类所建立的神圣世界。"这里所说的"神圣"，关联到超出现实生活世界的特殊领域，但它同时也为我们当下的生活提供了意义、秩序及普遍接受的连贯性。根据这种定义，认同超自然领域的属性与重要性的社会更具有宗教性。一个社会若不认同于神圣世界，就表明它正在经历世俗化的过程。

我们今天的社会正在经历这样的过程。我们不会再有像中世纪欧洲罗马天主教会那样几乎将所有社会都整合进一种信念系统的单一的"教会"。我们现在是宗教信仰多元化，可以在各种各样的信仰传统中自由选择，我们甚至能够发现个性化的宗教，比如被命名为希拉·拉森（Sheila Larson）的一个个性化的女性信仰组织。

在一个人人都可自己创立宗教或宗教信仰多元化的社会，人们可以自由选择宗教信仰，这表明这种社会对神圣物缺乏普遍的共识。过去常常将大部分人们整合在共同信仰下的"神圣帷幕"（Berger, 1969）发生了分化。当人们所面对的环境提供了这样的可能性，即宗教信仰仅仅是个人的选择，人们可以自由地选择是否参加或不参加某个群体时，宗教群体原来理所当然的权威性也就下降了。宗教作为一种整合和使信仰与行动合法化的制度，由于其共同的观念瓦解了，因而其功能也失去了。由此导致的历史性结果就是世俗化，即人们开始转向广泛地运用科学和理性去解释所发生的事情并寻求原因——至少在公共领域是这样的。

另外一种定义宗教的方法不是集中在宗教的实质性特征方面，而是涵盖更广泛的经验和信仰。这种定义关注宗教所履行的社会功能，即宗教有何作用而不是宗教是什么。伯格以卢克曼的宗教功能性定义为例说："宗教是人类通过对目标、道德约束和包罗万象的意义世界的建构来超越生物本性的能力。"换句话说，判断宗教的标准，就是宗教能帮助我们超越生物性，建构生活的意义。第九章分析家庭的时候，我们是根据其功能而不是其实质——将其作为一个可以满足结构和个体需求的亲密组织来考虑，而不管其是不是由一对父母及其孩子构成，这样我们就更容易适应今天多元化的社会。同样道理，从功能方面考虑，我们可以就宗教得出这样一个结论：在当代社会，人们具有较多的宗教信仰；确切地说，我们具有不同的宗教信仰。这种定义方法不必涉及神圣物、超自然力量等概念。实际上，不管是什么，只要它能给我们提供意义体系并能超越我们的生物性，它就是宗教。从这个角度来讲，宗教就是宗教做了什么。

宗教有何作用：涂尔干的定义

宗教的功能定义来源于涂尔干的研究。尽管涂尔干预言宗教会在现代社会消亡，但他同时也提供了一种分析持续存在的（如果不是主要的话)其他形式的宗教的工具。涂尔干提出了一种广义的宗教定义：任何宗教都是一个与神圣物相关的信念与实践的统一体系，这里说的神圣物是分离出来的、禁忌性的——信念与实践把人们结合为一个道德共同体，称之为"教会"，所有人都服从于它。

我们可以用这一定义来分析宗教的三种构成要素：

- **信念与实践的统一体系。** 宗教信念包括教义、教条、信条和圣经等。作为信仰的基础，这些被信仰者视作真实的东西所接受。宗教实践包括规范和仪式等，比如参加礼拜、祈祷、斋戒、捐贡等，信仰者接受这些仪式并会尽力执行。任何宗教团体或组织都有信念和实践两部分。

- **神圣物。** 某种意义上，我们将信念和实践称为宗教的核心。然而，这也引出了"信仰什么"的问题。涂尔干宗教定义的第二部分就将我们引向了什么是神圣物。与神圣物相对的就是世俗物，世俗物包括我们日常生活中常见的、尘世的物质部分。世俗的目标和经验所产生的意义和影响，不会超过目标和经验本身。**神圣物**包含的意义则超出了目标和经验本身，达到了更高层次或有更大意义。神圣物传达的是一种敬畏感，我们需要以尊敬的心态认真地对待它们。

- **宗教共同体。** 最后，宗教还有一个社会性的构成要素，即信仰者团体，也即涂尔干所指的"教会"。教会是指由具有共同信仰和实践的人所组成的宗教共同体。在这个共同体内，信仰者可以彼此分享宗教经验，新的信仰者也会在这里接受宗教的信念和实践。人们聚集的地方不应该因为其无足轻重而将其忽视，特别是在人们拥有很少休息时间的现代社会。教会场所（教堂、寺庙、清真寺等）成为深受社会因素影响的物理空间。

宗教的功能等价物：橄榄球和更多

大多数宗教团体都可以很容易地与涂尔干宗教定义中的三种构成要素一一对应。然而，宗教功能定义中最使人感兴趣的部分却是功能等价物，即那些不同于传统宗教形式但却符合宗教定义的东西。或许这就是现在与过去一样存在信仰的原因，我们只不过是见证了人们用更多方式来实现宗教的社会功能这样一种趋势。

思考宗教的现代功能等价物的一种方法，就是询问我们自己"我们的时间和精力主要花在什么上面"，或者更进一步追问"我们狂热追求的是什么"。思考这些问题时，或许我们能够认识到可能的宗教现代等价物，比如政治（忠诚的信仰者热诚地追逐着保守的广播节目或电视节目主持人或自由博客撰写人）；消费主义（去逛商场可能充满狂喜，以及前往遥远的"麦加""朝圣"都很常见）；音乐（在此我们可以看到忠诚的"粉丝"参加音乐会或者跟着数千人一起唱歌的重要性);电视(我们花大量时间,有时甚至会非常狂热地追随备受大众欢迎的名人);或许,甚至也有可能是工作(完全投入类似于宗教挚爱的形式)。为什么我们会花费如此多的时间和精力来做这些事情呢?这些事情能够吸引我们的地方在哪里?或者我们最需要的是什么?或许这里面就存在一些类似于宗教的东西。

我认为,我们能够发现的类似于宗教的东西之一就是体育运动。我们很容易就可以将这两者联系起来,比如"fan"这个词就是由"fanatic"演变而来,"fan"这个词从历史上说就具有宗教意义。尽管所有主要的运动项目都包含着宗教虔诚,但在美国,橄榄球是当前狂热的运动项目之王。尽管可能有很多很有竞争力的候选者,但要论哪个球队最有宗教虔诚的话,那就非"绿湾包装工橄榄球队"莫属。(当然,我们也可以将其他队作为案例,但若以其他队为案例我就会放弃。由于多数球迷的强烈愿望,使我必须以这支球队为案例来支持关于宗教虔诚的观点。)这个球队不同于其他球队之处,主要是因为它的所有者是社区成员,是一个非营利组织。这些所有者的投资不会收到任何现金回报,他们的股份也不能出售,利润全部公开。顺便提一下,我也是这些所有者中的一员。1997年,我花了200美元买了一个股份,它一直悬挂在我的办公室墙上(它所代表的意义不同于其他证书),它给我带来的唯一特权就是可以参加一年一度的股东大会。近30年来,只要球迷去看比赛,绿湾包装工橄榄球队就会售完每场比赛的门票——要知道,美国威斯康星绿湾的人口总

第十一章　保持信仰

数勉强超过 10 万人，而现有的体育场则可容纳 7 万人。这个球队把球场上的每一个座位都以季票的形式出售，他们一直都是这样做的，至少自 1960 年以来一直都是如此。

　　为什么理性的人们会花费如此多的精力和时间（更不用说金钱了）去追随一个球队呢？球队满足了他们的什么需求？或者从社会学角度来说，更重要的是球队为我们提供了我们所需要的什么东西？涂尔干的宗教定义可以帮助我们回答这个问题。记住，我们很可能会把其他东西也纳入宗教的功能等价物中，例如政治和消费主义。

信念和实践

　　追随一个运动队，也包含信念和实践两个方面。首先，运动队要有信念支撑。本质上，这也说明了成为一个球迷意味着什么。除了信念，还要有信条纲领等。对计分和球员一直以来在比赛中的表现所进行的无穷无尽的争论（比如，橄榄球明星巴特·斯塔尔与布雷特·法弗瑞谁更好？），远远超出了对圣经中经典观点的争论。

　　对于实践这个层面，体育迷们会固定地举行一些球迷的仪式，希望他们的行动可以对比赛结果产生积极影响。要是球队输了，球迷们会去一些与球队相关的网站留言，比如"我没有穿我经常穿的那件衬衫……"、"我错过了最初的一刻钟……"和"我不能再坚持了，我不得不离开了……"等等，这早就已经不是什么稀奇事了。

　　体育运动没有体现传统宗教所执行的一种功能便是预见性。从历史角度来看，宗教呼吁我们去思考我们是谁、我们要去哪里、我

235

们应该去哪里等。预言者的典型形象便是某个人所说的"对有过失的你表示不幸……你将会被诅咒……忏悔……从你错误的方式中醒悟过来……你将会得到保佑",这是一种对目前的信念和实践表示怀疑和寻求改变的声音。预言者基于我们的价值观给我们提供了一种新观念,他们提倡社会的变化要与这些价值观保持一致(比如,我们经常做的是这些事情,而我们应该做的则是那些事情)。分析橄榄球方面的任何等价物实在是太难了。或许宗教的现代等价物不会对我们的思考方式和行动方式构成挑战这一事实,恰好是它们具有吸引力的地方,尽管我们也可以找到一些像政治和音乐及其他类似的可能具有更多预测性的功能等价物。

神圣物

我们在橄榄球运动中能找到一些被分离的、启示性的或令人敬畏的神圣物。细想这样一些激动人心的事情:经常能与一名球员不期而遇,参观体育场(特别是第一次参观)时获得某一球星的签名,或是在观看比赛时那种欣喜若狂的状态。当解说员在解说时将某个体育场称为"圣地"时,更能加剧这种情绪。

在我们的文化中,还有其他一些地方看起来也会有那种令人欣喜若狂的、令人敬畏的、神圣的东西,在那些地方,我们往往会将我们的注意力集中到那些我们难以遇到的事情上。比如在摇滚音乐会上,当主场乐队在演出中有什么特别出彩的地方,只要看一眼看台下"粉丝"的表情,我们就能明白在那种情境下这种集体经历的异乎寻常性。

宗教共同体

　　这些经历的集体性，体现了宗教的第三层含义——看起来好像所有"粉丝"都结合成了一个与"教会"类似的共同体。体育场可能就是球迷们周日因崇拜而聚集在一起的自然场所，虽然球迷们会分散地环绕在球场四周，但对球队的支持则使他们紧密地团结在一起。任何宗教共同体都有狂热的支持者和临时的支持者，尽管他们的支持程度层次不一，但对球队的支持却使大家聚合成了一个共同体。

　　表面上，球迷们除了对球队的忠诚支持之外，好像几乎没有其他方面的共同之处（大家谁也不认识谁，彼此也没有个人联系）。这种关系明显不同于当地教会成员之间的关系，教会成员彼此直接联系，但是这种关于教会是什么的观念未免也太片面了。某种程度上，橄榄球教会类似于那些为地方提供服务并广泛地向其忠实的受众宣传他们服务的媒体大型教会。你或许不认识坐在你身边的那个人，或许彼此之间也没有联系过，但是你们仍然可以在某些方面具有共同性。

　　从个体层面来看，成为一个忠实的粉丝（或教会成员）可以给我们提供一种认同感。我们可以通过我们的衣着打扮表现这种认同感，海报可以展示我们球队的名字和象征意义，并且我们还能与做相同事情的人互相联系。成为球迷，使我们在社会中与他人处于不同的位置（例如，绿湾包装工橄榄球队与芝加哥熊队的球迷）。它给我们提供了区别我们属于这边而不是那边的依据，也给我们提供了判断好坏对错的标准——人们经常会根据竞争、拼搏和良好的运动精神等标准来对体育运动进行评价——与宗教运动带来的永恒结果相比，这是一种更适度的方式。成为一个特别球队的球迷，使得我们可以去关注超越日常的、尘世的东西，去支持相关的事情。它把我们与那些虽在我们身外但确实与我们相关的事情联系到了一起。

从集体层面来看，成为体育迷可以增强我们的社会团结感。涂尔干认为，集体意识在一个以高度分工为特征的社会将会减弱。在这种社会中，人们彼此联系中断，但他们彼此之间又是相互依赖的。在某些方面，体育运动的忠实支持者可以跨越地理的、阶层的和种族的界限。因此，从社会学上来讲，成为体育迷或许可以通过现代的集体意识将人们联系起来。埃利奥特（Michael Elliot, 2005）在一篇文章中详细地描述了他对足球的痴迷以及足球将他与他人联系在一起的方式，最后得出结论："成为一个球迷意味着什么？这意味着你将不再孤独。"

体育运动像宗教一样具有特殊的创新性，因为它联合了看似无法联合的东西，它本身就很重要而不是看起来很重要。它是一种连接的纽带，但不是以那种看上去要把人拒之千里之外的方式。没有成为橄榄球球迷或足球球迷，甚至是一般体育的爱好者，决不会受到任何惩罚。因此，它是一种受欢迎的宗教，它不会像传统宗教那样采用排他性的手段。

分析宗教的功能等价物，例如足球、购物、音乐和更多的能够引起我们注意的事情，也需要时间。比如在先前的章节中，我们已经指明了我们观看的是什么和投入的多少。舒尔策（Quentin Schultze, 1990）提出，电视能够帮助我们维系"共同的信念和价值观"。从关于沉浸于"现实电视"的分析中我们可能会学到什么？当前对电视的痴迷跟过去有何不同？为什么？舒尔策得出的结论是："在有意义的世界中，大众和宗教叙述可以帮助个体进行定位，特别是在发达的工业社会。"我们将大量的时间、金钱和精力投入到体育、电视和更多的东西上面，从社会学角度讲，这反映了我们最关注正在发生的重要事情。

尽管涂尔干的定义可能会有助于我们看到新的宗教方式，但它看起来也暗含了一个假设，即宗教应该是普遍的和包含全体的，能够把人们团结在一个共同体里——用他本人的话来说，就是团结在一个"单一的道德共同体"里。他好像假定宗教是一个我们都应该分享的事物，因为社会需要秩序，宗教就像胶水一样把我们黏合一起。但是环顾四周，我们看到了宗教多样性的重要性。尽管这些世俗化的理论家主张这种多元化不可避免地意味着世俗化，但或许它反而提供了宗教革新和宗教更具生命力的机会，这样我们也就可以转向讨论下一部分。

宗教长存：后现代范式中的宗教

尽管一些理论家指出宗教存在的时间已经不长了、另一些人注意到宗教以功能等价物的新形式呈现出来，但人们仍然具有宗教体验。这就证明宗教比早期社会学家预言的更有长久性。即使人们不能在普遍宗教信仰的庇护下团结起来，人们也能保持宗教信仰。"大教堂"的增长就说明了这种长久性，这种大教堂是指参加宗教礼拜仪式的会众超过 2000 人的教堂。现在美国已有超过 1000 个这样的教堂。这些教堂多带有保守倾向，但牧师和他们提供的服务则极具时代性，并会有目的地设计一些振奋人心的、能够增强自信心的信息以吸引宗教追求者——那些寻找在现代生活中缺失生活意义或目标的人。在美国，最大的这种教堂是位于得克萨斯州休斯顿的莱克伍德教堂，它每周能吸引 3 万多名参与者，由于得克萨斯州的 NBA 火箭队过去经常在附近比赛，所以它现在作为一个可以容纳 1.6 万人的大型运动场使用。

事实上，就连那些最古老的宗教形式，大部分美国人也都深信不疑，并会按照他们的信仰行事。世俗化的理论家争辩说，宗教信仰在一个多元社会里应是必需的。在这样一个社会里，信徒应该经常与那些和他们的信仰相冲突的人相接触。

尽管想要准确地获得宗教信仰者的总数相当困难，因为一些团体会夸大其数目，另一些团体则甚至不清楚自己到底有多少人数，但研究者一直努力想查清各种宗教团体信仰者的数量。最具雄心的尝试之一是 2001 年进行的"美国宗教认同调查"。研究者对 5 万多户家庭进行了电话调查，并询问了其他一些问题，像"如果你信教，你会信什么教？"尽管将"无宗教信仰"作为优先选择的比例由 1990 年的 8% 上升到了 2001 年的 14%，这也支持了世俗化的观点，但是信仰宗教的人还是占了绝大多数。总体上说，大多数人（77%）属于基督教的某些教派，尽管这一数据跟 1990 年（86%）相比也下降了。总的来看，52% 的人认为自己是新教徒，25% 的人认为自己是罗马天主教徒。信仰非基督教（伊斯兰教、佛教和印度教）的人所占的比例则从 3.3% 上升到了 3.7%。

宗教信仰怎么可能仍然是一个普遍存在的现象呢？根据宗教社会学的"新范式"，实际上，宗教的竞争增加了宗教的生命力。社会学家概括了一些从这种新范式中发展出来的重要观点：宗教在美国一直都是（1）政教分离；（2）文化上的多元主义；（3）结构上的适应性；（4）赋权性。就像"范式"这个词所暗示的，它要求用一种不同的方法来分析宗教实践。

具有讽刺意味的是，根据这种范式是宗教的分离或政教分离，而根据旧的范式则是世俗化的一个关键部分，至少应该部分地为正在增长的宗教生命力负责。在一个没有哪个宗教得到优待、所有宗教都必须在公开的市场中进行竞争的社会中，宗教团体像其他市场参与者一样，都必须关注信仰的需求。在新信仰者的皈依过程中，他们还必须更加努力工作。宗教团体努力寻找新的把他们自己同其他相互竞争的人分开的方式以赢得皈依者。无疑，一些团体将会成功，另一些则会失败。

在新范式中，"教会"作为一个单一的、包罗万象的制度，就像是一个过时的庞然大物，但这并不等同于世俗化。我们拥有许多宗教组织，除了基督教这一主要教派，我们还有其他教派。换句话说，后现代的多元化不仅没有必然导致宗教衰落，事实上它还增强了宗教的生命力。这是一种对宗教市场的推动力，因为它是竞争性的。可能我们现有的宗教比历史上任何时候都少，但是我们不必借助于通过寻找宗教中的"功能等价物"来维护这一点。

从这一新范式视角出发而做的研究，关注的重点从一种由上而下的教派的视角，转向了那些发生在会众层次上的宗教。美国大多数宗教团体对会众的强调，使得它们自身变得更加灵活，以适应当地的环境。这种会众结构通常有一个正式的成员名单，选择一个世俗的领导者以制定政策并管理教会的日常事务，牧师由当地团体所选出，团体运作费用来自团体内部。

对正在增长的宗教活力有所贡献的还有这样一个事实，即宗教继续在对人们赋权。研究者发现，宗教仍然很有活力的充分证据存在于移民群体之间。这些群体通过为既有的宗教传统带来新的观点和实践（例如，从墨西哥、巴西、加纳来的基督教移民和那些使美国的基督教重获生机的菲律宾人），以及通过增加其他宗教信仰传统的成员数量和规模，为文化和宗教的多样化做出了贡献。例如，1990—2001年间，美国穆斯林的成员数量从52.7万人增长到110.4万人，佛教的人数从40.1万人增长到108.2万人，印度教徒的数量从22.7万人增长到76.6万人。

一旦到了美国，移民们经常会变得比在他们的祖国时更信教。为什么会是这样呢？实际上，美国宗教在今天为移民们所做的事，早已为移民群体做了数代。宗教有利于提供秩序和意义。作为一种应对重新定居中所遇困难的方式、一种再生产和传承文化的方式、一种关注民族共同体并在定居过程中为移民提供正式特别是非正式帮助的方式，宗教在移民生活中似乎一直处于中心地位。宗教团体为移民们提供了有利于他们过渡生活中与之相关的文化、社会和经济资源。在美国，教会通常成了社区的中心，在这些地方，移民们可以同各民族的伙伴一起社会化，可以再生产民族价值观和习俗，学习居民技巧，帮助满足重新定居而出现的物质需要。换言之，宗教继续承担着重要的社会功能。

虽然宗教多样性的发展并不意味着宗教的死亡，但也正像韦伯及其他学者预言的那样，它将使一些宗教团体面临严峻的挑战。受现代性影响，包括政教分离、科学方法兴起、宗教多元化扩大、宽容度提高，降低了某些团体关于绝对真理说明的合法性。

原教旨主义代表了一种回归所谓信仰的核心原则和"根本原则"的现代尝试。它是为了回应宗教多元化和宗教宽容的挑战而发展起来的一种新的宗教形式。它产生于这样一种认识，即某些方面出了问题，宗教信仰和实践已经脱轨，结果世界分裂了。尽管原教旨主义常常出现在大众报刊上，并被知识分子认为是反动的、倒退的，但是通过回归他们所描述的能够产生社会秩序和社会整合的最初宗教神学的纯粹性，原教旨主义认为自己对未来持乐观积极的态度。原教旨主义者可以产生于任何宗教传统，包括基督教、犹太教、伊斯兰教、印度教，甚至是佛教。

原教旨主义者为他们自己的信仰而斗争，同其他信仰与实践的入侵斗争；为了坚守他们的信仰，尤其要与他们的家庭和社区整合所遇到的威胁斗争；与可获得的物质资源、社会资源的和文化资源（包括传统的和现代的）斗争；与那些代表这些威胁的个人和群体斗争；在神（或者某些超验范围）的旨意下斗争，将他们对神的追求的意愿付诸实践。像大多数其他宗教信仰者一样，他们坚信他们的观点是正确的，但不同于其他一些团体的是，他们认为，具有适度的、宽容的、相对的观点，会对他们的宗教信仰与实践构成威胁。

为了尽量更好地从基督教原教旨主义信仰者的角度去理解生活，奥尔特（James Ault, 2004）在一个较为保守的新教教会进行了一次集中的参与式观察研究。他发现，信仰者是在生活中尽力保持一致的好朋友。但他也发现，他们很清楚地意识到，现代性的个人主义价值观和世俗化，威胁到了他们的宗教组织共同体和家庭结构。他们认识到，发生在更广的文化环境中的一些事情，削弱了他们的信仰和实践，因此他们求助于原教旨主义，以给个体和共同体以支持。例如，奥尔特曾在一个教堂做过关于学者和知识分子的研究，这个教堂的牧师弗兰克·瓦伦蒂注意到，"对他们而言，唯一绝对的是……没有完全绝对"。瓦伦蒂也批评了个人主义大众文化，比如，他批评歌曲"我需要你宝贝"把个人需求放在家庭和共同体的重要性之上。在一个类似的参与式观察的研究项目中，佩什金（Alan Peshkin, 1986）将原教旨主义者对于绝对真理的忠诚，作为区分信仰者与非信仰者的明确界限。他解释道，他从未被他们完全接受，一直都是一个局外人，因为他不接受他们的信仰。

第十一章 保持信仰

人们认为原教旨主义具有吸引力，某种程度上是因为它可以提供给人们更大的确定性和明确的认同。原教旨主义作为一种趋势、一种思想习惯已经出现在宗教共同体之中；它作为一种策略或一套策略表现自己，通过它，处于困境中的信仰者试图维护他们作为个体或团体的认同性。在当代，由于感到这种独特认同性处于危机之中，所以他们通过对来自于神圣过去的教义、信仰和实践进行有选择的恢复，进而来强化这种认同性。换言之，原教旨主义者在他们信仰的绝对真理中和具有浓厚宗教氛围的共同体中发现了确定性和安全性。

这些原教旨主义团体特别担心的问题还包括多元化的扩大——它不仅仅是一个人口统计学上的事实，而且是一个文化理想。作为一种价值观的"多元化"有三个特征：相信团体的多样性是好的；个人应该根据他们自己的愿望在多样性的团体中自由选择；如果人们愿意的话，个人可以自由地组合和搭配各种宗教团体和宗教传统。这三个特征的核心都是强调个人权力高于群体权力。原教旨主义者反对这三个特征，它们中的每一个都被看做是对他们的信仰和共同体构成了直接威胁。哲学家菲什（Stanley Fish, 1999）这样评论道，"坦白来说，一个深信宗教的人不会使其想法市场化，而是会封闭它，至少在他自己能够决定事情的范围内，他相信已被上帝和信仰决定了。"对原教旨主义者来讲，对于自相矛盾的信念和实践的宽容，不是一个优点，而是一个异端邪说。

原教旨主义常被作为一个带有贬义或消极意义的术语使用。实际上，这并没有什么特别的社会学意义。我们需要理解他们如何以及为何会有那样的想法和做法，在这方面社会学研究会对我们有所帮助。我们不应将原教旨主义简单地视作反动分子复辟过去的神话而予以否定。现在，他们正在寻求在更大的文化环境中确立他们的信仰。这也正是像奥尔特和佩什金的研究非常重要的原因之一。他们运用的参与式观察，给外人提供了一个从内部人的角度观察分析正在发生的事情的机会，这样我们就可对信仰者的动机有一个更清晰的认识。在研究做得好的情况下，这样的研究会认真地把信仰者作为能教给我们知识的人，而不是把我们预设的观念强加到他们身上。尽管迄今为止只对少数原教旨主义者群体做过这样的研究，但若他们代表的宗教群体或社区转向采取暴力行动的话，这些研究对理解他们的暴动将会非常重要。

宗教：过去、现在和未来

从社会学视角去分析宗教领域的信仰和行动，是一件十分敏感的事情。作为社会学者，我们不能回答像上帝是否存在的问题、在个人生活中上帝是否起作用，或者哪种宗教或多或少是正确的这类问题。但是，社会学者能够认识到宗教在社会中扮演的角色时有变化。有时它是社会中最重要的组织因素，有时则不是。我们的信仰随着时间流转也会不断地发生变化。当然，后现代主义者会指出，我们所有的知识都依赖于信仰。对他们而言，伴随着我们个人实践与信仰的变化，宗教制度在形式上发生一些改变不足为奇。

第十一章 保持信仰

在观察宗教时，我们所发现的不仅仅是它在过去作为一种强有力的公共组织制度在社会生活中具有重要作用；更重要的是，它继续在影响着我们是谁、我们信仰什么、我们做什么。与宗教消亡的世俗化预言相反，宗教似乎仍存在得好好的，并适应了各种不同的环境。或许这也没有什么可奇怪的，因为在几千年的历史发展进程中，宗教在赋予个人意义和群体整合中曾经发挥过有力的作用。尽管宗教做这些事情的方式可能会继续发生变化，包括出现功能等价物，但在我们的后现代社会中，我们应该继续期望人们会保持他们的信仰。

思考题

1. 宗教为何既是"被压迫生灵的叹息"又是"人民的鸦片"?

2. (宗教或其他方面的)自助书用什么方式表现私人领域的世俗化?自助技巧和宗教信仰必然是对立的吗?

3. 涂尔干宗教定义的三部分是怎样联系起来确立社会整合的?举例说明。

4. 宗教功能等价物(如体育、电视机、政治或音乐)在个体层面和集体层面为我们提供了什么?在不同于传统宗教方面,它们达到了何种程度?

5. 为什么宗教多元化的扩大,以及同其他不同宗教信仰的联系,会导致社会学家预言信仰者思想中的宗教合法性会衰退?它是怎样降低了宗教信仰的坚定性的?

6. 在后现代社会,宗教通过什么方式继续给个人和共同体赋权?在不同于传统宗教实践的方面,它是如何赋权的?

7. 为什么原教旨主义更可能出现在后现代环境中?

第四部分
差异性的后果

[第十二章]

等级之差

社会阶级

格雷尔今年四岁。他要学习法语、拉丁语、音乐、游泳、滑冰、空手道、体育等课程,更别提他花在接受学前教育上面的时间了。他经常与克里斯托贝勒、布兰德福德和达尔文一起玩。由于他没能按照妈妈的意愿入读精英幼儿园,他妈妈给他雇了个保姆。他和爸爸妈妈一起住在曼哈顿(公园大道),但是他和保姆待在一起的时间最长。格雷尔的故事是基于埃玛·麦克劳克林(Emma McLaughlin)和尼古拉·克劳斯(Nicola Kraus)的真实保姆生活经验而虚构出来的。她们是《保姆日记》(2002)一书的作者。她们都曾当过保姆来挣取上大学的费用。她们描写了一个和现实社会一样的世界,社会阶级在那里面起着重要作用。

希玛的例子向我们说明了由社会阶级的差别所带来的后果。希玛是这部小说中的一位保姆,她在老家是名工程师。她和丈夫、孩子一起来到美国，但她丈夫没能拿到绿卡，所以他带着孩子们回到了老家。书中的主人公是一名来自中上阶级家庭的大四学生，她是这样形容希玛的："她的学历比我高，有门专业课我甚至没有及过格，过去两年她回家[看望丈夫和孩子]的时间还不到一个月。"希玛的故事恰好反映了维姬·迪亚兹（及其他很多人）的真实生活。维姬·迪亚兹（Vicky Diaz）是一名受过大学教育的教师，她从菲律宾移民美国，并在一个富人家里当保姆。谈及她照顾的两岁小孩，迪亚兹说："在我离开自己孩子那段时间，我能做的就是把我全部的爱都给予我所照料的那个孩子。"（Hochschild, 2000）对那些离开自己的孩子去照料别人孩子的母亲，尤其是对那些收益最低的全托保姆而言，她们往往会有数月乃至数年时间见不到自己的孩子。这种情况并不是个别现象。在美国，其他的照料服务提供者也面临着同样的经济斗争，就像希普勒（David Shipler, 2005）在《工作的穷人》一书中所描述的克里斯蒂尔的例子一样，一个日托所职员所挣的工资，竟然不够使她的孩子入读她所工作的日托所。

在美国，我们想要表现得似乎社会阶级在生活中并不重要。但是，我们从《保姆日记》一书中看到的，以及在社会学研究中看到的更多真实例子，却远不是那么回事。人们生活的世界大不相同。正如本章将要分析的那样，塑造个体生活的一个最重要的结构因素就是源自我们的经济地位，并与经济资源的分配紧密相关。但我们也将看到，社会阶级所涉及的不仅仅是经济资源不平等，它还反映了重要的社会和文化差异。

第十二章 等级之差

社会阶级

从一开始,有关社会阶级的话题就一直受到社会学家的关注。它是马克思分析社会关系的中心问题,韦伯在论述权力和社会控制时也将其视为重点。然而,在美国,社会阶级一直是一个敏感话题。一旦有人提及社会阶级这一话题,人们的第一反应常常是否认它的存在。有些人甚至会对别人问自己这个问题感到很生气。在完成我布置的社会阶级自传的作业时,有些学生发现,向父母和祖父母问到这些问题,他们的反应也是如此。但从社会学角度来说,我们在理解为什么我们会这么想和做时,必须将社会阶级因素考虑进去,尤其是在强调经济地位的资本主义社会中。本节我们将会讨论社会结构的不平等,以及这种不平等在获得机会上所产生的影响。

分层制度

社会分层是指一个社会中成员或群体的等级次序。正如"层"这个词根所表明的那样,社会中存在着很多不同的层级,有些人处在较高层级,有些人处在较低层级。处在社会高层的人比处于社会低层的人拥有更多的社会权力。不同的社会有着不同的分层制度。下面是人类社会中存在的四种主要分层制度。

奴隶制是一种把人当做财产而拥有的制度。在这种制度里,最基本的两个阶级是奴隶主和奴隶。奴隶主控制着生产所必需的土地和财产,同时也控制着实行统治所必需的政治、经济和武力部门。然而，奴隶制并不特别有效，因为用于武力强迫的费用开支巨大。当然，这是因为人们不愿成为奴隶，所以不得不对他们实施强迫。

在欧洲中世纪，占据主导地位的分层制度是**等级制**，它由三个基本等级组成：贵族，教士，平民（包括农奴、自耕农、商人、工匠等）。等级之间的流动，尤其是从农民流动到贵族，几乎是不可能的。类似灰姑娘的故事，揭示了在等级社会中向上流动的渺茫。如果你处在社会底层，你实现向上流动的可能性就如同童话故事变为现实的机会一样少。

种姓制也是一种分层制度，尤其盛行于古印度。同等级制一样，它是按人们的出身，而不是根据职业类别来划分社会群体的等级。由于劳动分工十分必要，一定的工作要由一定的人来承担，所以按照这一分层制度，你生来就是做你注定要做的工作。在种姓制下，人们穷其一生想要改变自身所属的社会等级，但结果却是徒劳的。印度的种姓制最有名，它由神职人员（婆罗门）、武士（刹帝利）、百姓（吠舍）、工匠／农民（首陀罗），以及处在最底层的不可接触者（贱民）组成。不同阶层之间的交往接触被严加限制。为了流动到更高的等级中去，这一世你必须遵从你所属群体的规定（即不要反抗，不要质疑这种制度，不要破坏规矩）。这样，来世你就有可能流动到更高的等级中去。人们不愿因为这一世实现社会变迁的做法而毁掉来世的社会等级地位，从而也就确保了这种社会分层制度的持久稳定。

阶级制是第四种社会分层制度，它是以我们的经济地位为基础，不管这种地位是继承的还是通过后天努力所获得的。同时，社会联系和文化习俗与经济地位也是紧密相连。阶级制度有别于其他社会分层制度的四大特点是：1. **阶级制度具有流动性**。阶级之间的界限不像在其他分层制度中划分得那么明确。2. **阶级地位在某种程度上是自致的**，而不是一出生就已被"注定"。虽然存在着关于社会流动性实现程度的争议，但这一制度里的社会流动性比起其他类型的要普遍得多。3. **阶级地位基于经济基础**。个体或群体间的差别归结于他们所拥有的多少，包括金钱、财产和土地。阶级建立在拥有和控制物质资源的不平等之上。拥有越多，所处的阶级也就越高。4. **阶级制度是大规模且非个人式的**。比方说，我在课堂上的权威，并非是由于作为个体我比学生拥有更多的财产，而是在这一特定环境中，我的教授角色使我具有了高于学生的权威。背景发生改变，责任随之改变。在非上课时间我不能要求学生去给我洗车，或者当我经过的时候向我鞠躬。非个人化的关系及职业类别，才是这种制度强调的重点。

阶级制度允许有更大的社会流动，这一方面是因为人们的社会地位并非一出生就被固定。改变经济地位是有可能的，这一改变往往会带来在社会阶级地位上的转变。阶级制度并不假定人们之间因为个人的声望或地位而必须以一种特殊方式与之交往（就像在等级制和种姓制中那样）。在美国，盛行一种唯贤制假定：你的地位（不论高低）是自己赢得的，你的个人声望应该源于你所赢得的地位，而不是源于你所拥有的任何世袭性特征。

社会流动

社会流动是人们在社会各阶层之间变动的能力。它可以是垂直流动（向上的或者向下的流动，例如从一个收发室小职员升为 CEO）或者水平流动（在同一社会阶级内的来回变动，例如，从一名医生变为律师，或从护士变成老师）。社会流动可以是代内流动（即一个人一生中的流动），也可以是代际流动（从父辈到子代的流动）。经典的美国梦是实现垂直的、代内的向更高社会阶级的流动，但要想实现布衣变富翁的神话，需要付出许多艰辛的行动与努力。事实上，大多数代内流动都是水平的。而大多数垂直流动也都是代际之间从父辈到子代的流动。工人阶级和中产阶级相信，上大学可以帮助他们的孩子获得比自己更高的阶级地位。

某些阶级地位的改变，虽然不能说是不可能的，却也是相当艰难的。先赋地位是指我们的社会地位在出生时便已确定下来，我们基本上无法通过个人努力去改变这种地位。先赋地位是种姓制的特征，在等级制和奴隶制里也很典型，甚至就是在阶级制度下，某些先赋地位似乎也要比个人的能力或努力更为重要。另一方面，自致地位则是一种我们可以通过自身力量来改变的社会地位，是一种个体可以接受或取得的地位。人们可以从某一阶层或阶级向另一阶层或阶级流动。

允许不同社会地位之间相互流动的制度是**开放系统**，不允许这种流动的制度就是**封闭系统**。奴隶制、等级制及种姓制的分层制度是典型的封闭系统。阶级制则更为开放，虽然仅仅是相对而言。正如下面我们将要谈到的，大量以阶级为基础的世袭因素仍在或隐或显地发挥作用。

资源分配

想弄明白美国的社会阶级有点难。在以阶级为基础的制度里，仅凭经济地位来区分最高社会等级和最低社会等级十分简单，但实际上却并非如此容易。如何看待钱挣得比大学教授还要多的工人的阶级地位？那些富有的大毒枭又如何？他们处于哪一社会等级？正如韦伯指出的，经济地位，也就是他所说的阶级，并不是必然地决定人们社会地位的唯一因素。

把资源分为三种类型：物质资源、社会资源、文化资源，有助于我们很好地辨别各种社会阶级地位之间的差别。物质资源是指个体所拥有或控制的经济资源，包括金钱、财产和土地。社会资源包括社会网络（即"重要的不是你知道什么，而是你认识什么人"）。这可以使人们利用社会关系来提升达到目标的成功率。最后，文化资源是指你所知道的一切。它们反映了你在实现目标时可以利用的关于文化的认知、规范和物质要素的知识。一个简单但很经典的例子就是，在晚宴上面对琳琅满目的食物，知道应该使用哪把叉子。当我们描绘社会生活或解释为什么我们会这么想这么做时，从物质资源、社会资源、文化资源的角度来看社会阶级，可以使社会阶级成为一个非常有用的工具。

文化资本

尽管我们经常将社会阶级与经济地位等同起来，并认识到社会网络的显著作用，但在这里我还是要强调一下文化资源的重要性。实现阶级流动是很困难的，绝对不是中张彩票一夜暴富就可以办到的。成为富人并不意味着处于等级制度底层的人立马就升到了社会高层。这一流动通常还需要相应的社会和文化方面的转变。一旦开始流动，你就必须学会和掌握一整套新的技巧。你需要有一种全新的生活方式：新的品位、态度、语言及思想。法国社会学家布迪厄把这些资源称为文化资本。**文化资本**包括我们所知道的和我们所喜好的东西。文化资本常常与艺术或文学的偏好联系在一起，但却比它们要深刻得多，因为它是根植于我们对现实自身的感知。这一概念建立在这样的假设之上，即不同的社会地位决定着不同的文化资本类型，并且不是所有的文化资本都是等价的。就像经济资本一样，文化资本也在作为一种资产发挥作用。无论何时我们与他人互动，我们都会交换文化资源，它们影响着我们互动的结果。布迪厄还指出，这些偏好与认识，如同物质资本的继承一样，可以从父母传递给子代。

在社会中，并不是所有的文化资源都是等价的。例如，交响音乐会和歌剧被认为是"高雅文化"，大多数流行电影则被视为"通俗文化"。这些判断都是基于一定的文化优越论，其中那些处在高层的人可以把他们的偏好定义得明显优于普通大众的偏好。工人阶级的文化资本通常被认为是价值最低的——除非有其他人声称这种文化资本为他们所拥有，就像爵士乐、蓝调、摇滚乐和说唱歌曲一样。

我们通过与人互动交换各自的文化资源。通常情况下，我们是与朋友和同事来进行交换，这些人与我们享有基本相同的文化资本，但他们还是会给我们介绍新的食物、风格和表达方式。只要互动发生在这样的群体中，交换就很容易进行了。但要与处在我们社会交往圈子之外的人进行文化资源交换，就没有那么容易了，因为双方的文化资本可能截然不同。处在上层阶级的个体进行跨群体的互动会较为容易，因为他们拥有更为灵活的社会和文化技巧。由于所处社会地位的特性，他们更习惯于在不同的文化领域内活动。虽然他们通常都是成长于、受教育于、生活于自己所属的阶级之中，但在工作中、与送货人和店主打交道时，或者是在休闲活动中，他们还是经常会遇到社会地位较低的人。另一方面，工人阶级文化则倾向于更加具体化、地域化。工人阶级群体被由工人阶级文化产生的人造物团团围住，而很少有机会与其他群体进行互动。

我在与学生打交道时，常常会感到文化资本的重要性。他们都选了我的课，但却不是所有人都有机会在考试中得到 A。使学生之间产生这种差别的不仅仅是智力，而是还有他们带到课堂上来的资源。一个拥有好的文化资本的学生，往往不需要很刻苦地学习。例如，高年级学生就很清楚游戏的规则。而大一新生通常要花很多时间来区分重点与非重点。他们在看书时会把每个词都加以标记（我之所以知道这些，是因为当年我也曾这样干过）。当我在芝加哥一所私立大学教书时，城市里公立学校来的学生常常会付出比来自郊区学校或私立学校的学生多一倍的努力来学习，但这一点在他们的学业成绩上并没有多大体现。努力学习不一定就能保证获得好成绩，同样，懒惰也不一定会得到坏成绩。

世上所有的成功大致都可以通过某些类似的途径来实现。成功的人并不仅仅是努力工作的人或是最具成功潜力的人。那些拥有物质资源、社会资源及文化资源的人，同样可以利用他们的优势来取得成功。那些缺少这些资源的人，即使他们拥有更多的天赋或潜力，也许永远都得不到成功的机会。

阶级与文化：地位对偏好的影响

假定文化资本的确很重要，并且社会阶级地位的确会影响我们的品位和偏好，那么我们应该很容易在生活中找到这样的证据。我们可以发现人们如何证明社会阶级差别的例子，比如说，他们如何穿着、如何装饰房子、闲暇时间如何度过、他们了解什么以及如何交谈等等。在这一节，我们将研究关于这些差异的几个例子。关于这方面的论述，福塞尔曾在《阶级》（1983）一书中提到过一些，但真正从社会学角度对其进行系统阐释的，却是布迪厄（Bourdieu, 1984）关于法国人偏好的分析，以及哈里（David Halle, 1993）有关美国人品位的社会学分析。虽然福塞尔的书是以普通读者为受众，严格来讲并不属于社会学研究，但它仍给我们描绘出了阶级在我们的日常生活中是如何起作用的。

第十二章 等级之差

关于社会阶级数量的争论相当多，从马克思的两个阶级论（资产阶级和无产阶级）到主张不同的社会阶级之间没有清楚分明的界限，学界对此始终都是争论不休。三层模型包括：上层阶级、中层阶级和下层阶级。另一种十分保守的分类，则是把社会阶级分成四个主要阶级类别：上层阶级、中上层阶级、中产阶级和工人阶级（即福塞尔所称的"穷人"，属于无产阶级的一种）。有人还主张把贫困者当成第五类阶级加进来。下面我们运用四阶级划分法来分析社会阶级地位是如何形塑我们的偏好的。

处在上层阶级的是富人和有权者。他们代表了美国的一小部分人口。他们也许继承了巨额的财富，但他们可能仍然在工作。他们的名字极有可能出现在《社会名流》杂志上（如果你不明白这意味着什么，也就意味着你不是他们中的一员），他们就读于诸如埃克塞特中学、安杜佛高中、迪尔菲尔德中学、格罗顿中学，以及米尔顿高中等精英预备学校（同样，如果你对这些名字感到陌生，那么……）。处在中上层阶级地位的同样是有钱有权的人，但其拥有的金钱与权力都要稍逊于上层阶级。他们的财产大部分是自己挣得的，而不是继承的。这一阶级主要包括专业人士，如医生、律师及商业行政主管等。中产阶级主要是"白领"工人，这些人在收入上过得去，在工作上有一定的权威，但却是替老板打工。属于这一阶级的有中层管理者、学校教师、护士等等。工人阶级，或者说穷人，缺乏自主性，主要由"蓝领"工人构成。工厂工人、秘书、看门人，还有水管工，都属于工人阶级。

虽然公开谈论阶级可能会使人感觉不愉快，但是这可以让我们对他人的判断更加明晰，从而使得分析阶级与文化偏好之间的联系变得很重要。像福塞尔《阶级》一书那样的描述看起来也许比较势利，但它却能使我们从中认识到自己建立在阶级基础上的势利心态。我们会根据某人的穿着把他归入某一社会阶级中。戴美国全国汽车比赛协会的帽子与戴高尔夫俱乐部的帽子所传达的信息可不一样。我们心里非常清楚谁是和我们一样的人，谁又不是。这一点在所有阶级中都存在。我们看到并创造出差别，并使得这些差别成为对别人进行判断的重要依据。我们的错误在于：我们没有意识到这些判断同样适用于我们自己，尤其是在我们试图做一些与我们的社会地位有关的事情时，并且也适用于那些缺乏与某一特定社会背景相适应的阶级资源的人。

为了阐明阶级对我们行动和思维方式的影响程度，我们可以分析一下社会阶级在其中起作用的日常生活领域,并从中举出例子。以福塞尔的《阶级》为指引，下面我们来分析一下个人的着装、居住的房子以及房子的装饰、闲暇时间我们的休闲方式，以及所受教育和语言。我们往往会认为我们在这些领域以及在其他领域所做的选择，体现了我们个人的品位和偏好，但是它们实际上却是由我们的社会阶级地位塑造的。

着装：我们穿什么

我们可以从人们的着装辨别出他们所属的社会阶级，我们很容易判断某些服装更适合于某一特定的阶级。如果我们谈到"工人阶级的服装",浮现在我们脑海中的是什么?如果是"中产阶级服装"、"上层阶级服装"呢?当然,服装品牌可以说明问题:只要看看是不是丽莉·普利策(Lilly Pulitzer)、肖恩牛仔(Sean Jean)、麦罗琳服饰(J. McLaughlin)、盖普(Gap)、嬉哈族(Rocawear)、蜜汁服饰(Juicy Couture)、阿贝克隆比与费奇(Abercrombie & Fitch),或者古驰(Gucci)就知道了。我承认这些品牌我几乎都不认识,而这也正好说明了我的社会地位。有些人直到离开世界的那一刻都不会穿着西装打上领带(或者这是他们唯一穿成这样的机会),而另一些人则永远也不会习惯穿蓝色牛仔和T恤衫。到商场走一遭是观察人们的好机会,它可以证明我们基于穿着而做出的对别人社会阶级的判断,尤其是当这个商场能吸引来自各个不同阶层的人时。

我们可以找出一些原则,以帮助我们辨识对于各个不同的阶级来说,哪种服装才是适合的。例如,福塞尔提出了**颜色准则**。设想一个中上层阶级的人在商务会议上穿着一件亮紫色的西装。如果这是不可能的,那么也许就可以证明,阶级在人们的着装上起着作用。另一个与之相关的原则是**质地准则**。福塞尔指出,较高阶级的人更愿意穿天然面料/有机面料(如棉、羊毛、丝绸等)做成的衣服,而较低阶级的人则多穿着合成/"人造"面料(如尼龙、人造纤维、晴纶等)的衣服。工人阶级选择非有机织品有经济方面的原因。首先,有机材料做成的衣服价钱较高。其次,保存它们的成本也高(如只能干洗等)。再次,它们不耐穿,因而很快就得买新的(所以买衣橱花的钱更多)。这一准则指出,虽然人们的阶级不仅仅是指钱,但却的确与钱息息相关。

易读性准则非常有趣。福塞尔认为,阶级越高,穿印有文字衣服的人会越少。相反,穷人更愿意(理论上)穿这种衣服来表达他们的选择和意愿。衣服上的文字可能是小幽默,但大多数时候都会是某种形式的广告。T恤衫上经常会印有这些东西:扬基棒球队的标志、"我是傻瓜"、耐克商标、迪斯尼乐园、"卑鄙的、令人厌恶的富人——实际上他们中大多数人并不是坏人",诸如此类。福塞尔指出,这代表了穷人希望靠名牌产品或团队来获得认同:"穷人把自己与某个全球公认的成功企业联系起来,于是在那一小段时间里获得了一种重要性……一旦穿上可读衣饰,你就将自己的私人身份和外部的商业成功地认同为一,弥补了自身地位的无足轻重,并在那一刻成为一个人物。"由此也可以理解,为什么看了福塞尔的书后,学生们会认为他是一个势利眼或怪人。但这个例子引出了一个有意思的问题:为什么我们会去穿那些印有文字的衣服?我们想要表达什么?为什么我们会用这种方式来表达?

住房:我们住在哪儿

如果我们足够诚实的话,我们会承认我们是依据邻居们的车道情况来对他们的社会地位做出判断的。我们会用很多指标来衡量:车道是长是短?是笔直的还是弯曲的?是沙石路、柏油路、混凝土路还是鹅卵石铺成的路?他们住的房子前面有草坪吗?大不大?它们是被整理得很干净还是杂草丛生？院子里是否装饰有火烈鸟、格言、闪闪发光的球状物或者木制雕像等？或是四周都建有坚固的柱子、草坪中间有个喷泉？通过这些物品就可以知道你住在一个什么样的社区中，是"贫民区"还是"富人区"。当我们根据这些东西来下判断时，其实就是在关注社会阶级所造成的差别。

进入室内，我们也可以看出阶级的差别。屋内的装饰不是评定社会阶级的唯一指标，但它能够帮助我们判断主人属于哪一阶级。纪录片《跟我们一样的人》（2001），是一部介绍阶级是如何形塑我们的认识的片子。片中展示了不同的住房，人们据此来确认房子主人的社会阶级。人们对于片中房屋主人属于哪一类阶级的结论普遍相同。影片制作者收到许多观众来信，有人形容那是"所有美国人梦想中的房子"、"调度员的豪宅"、"新富"、"暴发户"，还有的则认为是"向上流动的专业精英们"等等。这些反应说明，不仅仅是看到房子时我们意识到了阶级差别，就连在表述这些差异时我们也有不同的词汇。

说到屋内装饰，玛莎·斯图尔特成功地证明了社会阶级差别的确存在。她尝试把上层阶级的生活品位带给普通老百姓，使他们觉得自己也可以过上这么好的生活。事实上，类似《贸易空间》和《改头换面（家庭版）》等室内装潢的电视剧的增多，正好表明我们对于设计的好奇，而我们在这类剧目中表现出的某些设计决定，毫无疑问是建立在阶级基础上的。

休闲：电视节目、度假、体育运动和其他

　　说到休闲偏好，阶级地位同样在起作用，我们再一次通过看到的周围事物感受到阶级的差异。比如说，想象一下，起居室里所有的家具摆放都朝着电视机的方向，就好像那里是座圣坛一样；再想象一个根本没有电视机的起居室。哪一个房子看起来更像上层人住的？如果一个家庭最喜欢的节目是《老大》、《单身汉》、《百万富翁》或者《警察》，而另一个家庭最喜欢的却是公共广播服务台（PBS）、"布拉沃"有线台及霍桑丹斯频道，我们又会得出什么样的结论？这些听起来是不是有些老掉牙了？我承认这一点，但是这些事例告诉我们：当关注由社会阶级产生的真实差别时，这方面的差异是多么显著。并且在第一章我们就谈到过，人们的收视偏好随其经济收入水平而变化。

　　从娱乐角度来说，休假所选择的地点和时间长短也是受阶级影响的（这再次证明了金钱的重要性）。福塞尔认为，上层阶级也许会选择在尼泊尔或伊斯坦布尔避暑，中产阶级则会去夏威夷或坐船巡游，或去迪斯尼乐园来一次家庭旅行，为了实现这样一次梦想的假期，他们往往会省吃俭用上一段时间。至于工人阶级，则很可能会进行一次一个星期的旅游，旅游地点不会离家很远，他们开着车去目的地，有时或许还会在那里野营。事实上，穷人由于时间和金钱方面的限制，很少有机会出门远游。

　　对于体育运动的偏好（观看和参与），同样也受阶级地位的影响。

谁更喜欢在高级乡村俱乐部玩双向飞碟，划游艇，打桥牌，打水球或者打高尔夫？谁更爱打保龄球，看职业摔跤和美国全国汽车比赛？有传言说，电视上之所以播出高尔夫比赛（即使这看起来并不是一个可行的选择），是因为包括电视节目主管在内的中产阶级想要看。节目的播出使得高尔夫这种运动不再仅仅是上层阶级的谈资，虽然这降低了符号性的阶级价值，但是只有上层人士才有社会关系和金钱（入会要付超过10万美元，还不包括每个月的费用）在那些高级俱乐部里玩这项运动。

认知文化：教育和语言

我们所拥有的知识，所受的教育，甚至是我们所使用的语言，也都显示出我们的社会阶级地位。在美国，上大学曾经完全是上层阶级的标志，因为只有富人才能负担得起大学学费，并且能够提供受大学教育所需要的时间。"二战"后，由于比尔的功劳，以及后来不断扩大的经济资助，大学教育得以民主化（正如我们在第十章所了解的）。福塞尔认为，任何民主化了的或向普通民众开放了的东西，都不能继续显示阶级差别。

然而，差别的存在仍然是可能的，教育机构所传授的知识及其师资力量是建立在阶级基础上的，大学的选择和知识的获得也是这样。简单地说，不是所有的大学都是平等的（无论是在知名度、资源还是教育质量方面）。哈佛大学或耶鲁大学的文凭很有价值。一些有名的文科学院的学位可能更管用。反过来，诸如阿姆斯特学院、斯沃兹摩尔学院这样的院校不被大多数美国人所熟悉,证明阶级差别仍然存在。在这些学院获得学位和在地方学院获得学位相比,前者可以使你得到与后者截然不同的一系列资源。

大学的年度排名告知我们哪所学校更好(以及哪些不好)。然而,这种使教育进一步民主化的尝试的影响非常有限,因为那些来自较低社会阶级的学生还是倾向于选择离家近不用花太多钱的学校就读。他们的愿望仅仅是获得地方学校的学位,为他们打开实现美国梦想的大门。他们曾多次被告知,获得文凭可以增加他们找到一份有较好收入的工作机会,也许还会因此成为中产阶级中的一员。但是这些学校的文凭不可能与声望高的学校的文凭相比。在大学里,最重要的课程不仅仅是课本知识,它还包括如何跟人打交道,和谁打交道。低档次的大学很少传授这些社会资源和文化资源。它们的首要目标是为学生找到一份好工作。

也许在我们使用的语言里,我们的阶级身份表现得最为明显。17世纪一位诗人本·约翰逊写道:"语言最能表现一个人。一张口,我就能了解你。"从人们的口音、语法和词汇可以判断此人的社会地位。你会使用双重否定吗(比如,"我不会不满意")?或者那些非正规的词汇(比如 orientated、nucular)?不同阶级之间在语法上是否有区别(比如 He don't…;I wants it…;the data show…)?"明显的"文法错误更多地发生在社会阶级地位低的人身上。我女儿读二年级时,他们的"每日口语"练习都要纠正这些错误。我们假定任何一个受过良好教育的人都应该能意识到这样的错误。我们对这些知识的重视高于对工人阶级物质的、技术的及文化知识的重视，尽管当你的汽车出故障时，你对抑扬格五音步诗的了解对此毫无帮助。

语言如此重要的原因是，对于我们来说，要想改变它很困难。我们学习基本的说话方式和语调甚至先于对词汇的学习。学校试图改变我们（在某种程度上这种改变成功了），但是人们常常会根据别人说话的方式判断他来自这个国家的哪个地方，即使他已经很长时间不在那儿居住了。我在威斯康星州的希博伊根长大，到现在还保留了一些那个地方的说话特征。例如，当希博伊根人说"让我们经过商场"，他并不是说要开车经过，而是指到商场里去。希博伊根人形容市区百货商店的经典词汇是"Prange's"，他们会说："嘿，我们去一趟 Prange's，咋样？"在希博伊根，喷水式饮水口是指自动饮水器，碳酸饮料（如可口可乐、百事可乐等）是指苏打水，而不是汽水或可乐。在我现在居住的艾奥瓦州，放杂物的容器被称作包（bag），而不叫麻布袋（sack）。哈佛教授沃克斯（Bert Vaux, 2005）和他的同事对地方语言偏好做了大量研究，发现了变化多样的发音模式和表达模式。这些差异很多时候不仅仅是单纯由地方方言导致的，在说这些方言的地区，它们同样也代表着社会阶级的差别。

阶级对文化资源起着重要作用。要除去我们生活中的这种影响并不容易，而且我们大多数人也都没有这样做的意愿。说话方式、运动偏好、最喜欢的电视节目和装饰品位，都成为我们生活中理所当然的一部分。实际上，我们往往倾向于认为人们的谈话、行动方式、喜欢的东西跟我们是一样的。

经济分配

如果阶级差别仅仅表现在我们穿什么衣服、如何装饰、闲暇时间做些什么或是说的语言方面，它也许并不会那么重要。差异可能仅仅是个人品位的体现。毕竟，多种多样的文化可以使生活变得更加有趣。但问题是，阶级是建立在经济不平等的基础上的，并且阶级的存在也使经济不平等得以长期维持。你是上层阶级还是工人阶级，很大程度上取决于你所控制的社会物质资源的多少。

一些人所拥有的收入和财富比另一些人要多。**收入**是指一段时间内你所挣得的物品或钱的数目。**财富**是指你所拥有的全部财产，或者某一特定时点上除去债务后所有财产的价值。如果你变卖所有的家产来还清债务，那么债务的总额就与你的财富价值相等。虽然收入和财富有些差别，但这两个概念是相互联系的。收入可以变成财富（把薪水拿回家就成了财富的一部分，但别忘了除去付账单的钱），财富也可以以利息、红利或投资所产生的利益等形式来增加收入。

经济资源的分配十分重要，这是因为它使得占有资源的人拥有其他人不具备的选择机会。"我该买多棉混合面料的衣服还是丝绸面料的衣服？""我该读哈佛大学还是社区学院？"我们的经济地位影响着我们的回答。每个人对自己拥有的经济资源都有一个定位。虽然我不认为自己富有，但由于我所拥有的经济资源，我可以享受别人没有的选择机会。比方说，夏天我可以享受一个长假。我能为了写这本书在最后时刻毫不犹豫地买一台笔记本电脑。此外，由于阶级优势的代际传递性，如果埃米莉和埃莉诺想要去野营、买一件乐器，或者参加课外活动，我们都可以负担得起。我甚至不敢想象那些真正的富人所拥有的选择到底有多少。

个体拥有经济机会是美国基本的价值观，但事实证明，布衣变富翁的机会受我们家庭的经济地位所限制。一项关于儿女从父亲那里继承的收入水平的研究表明，从1929年的大萧条以来，我们继承父辈经济收入水平的可能性比以往要大。一份基于此项数据所写的报告宣称："你能做的最重要的决定是选择好父母。"各代之间的竞争并非处在同一起跑线上，父母收入高，儿女的收入随之增高；父母收入低，儿女的收入也会随之降低。当然，问题是，我们谁也无法选择自己的父母。

不幸的是，有关经济不平等的讨论很快就成了"政治性的"（如保守党与自由党的论战）和对抗性的话题，就像电视脱口秀中所说的那样。但当我们把注意力放在统计数据上时，我们就找到了真正意义上讨论的切入点。值得注意的是，统计数据仅仅描述了人口统计学上的特征。此外，统计数据也像人一样：只有当我们将其放入特定环境，才能理解其中的含义。孤立地看数据不如对比地看数据。最后，对统计数据的理解是不一样的，当有新数据出现时应当及时把它考虑进来。一句话，统计数据可以帮助我们更好地弄清楚经济不平等的情况。

收入

对我们大多数人来说，收入是我们劳动的结果。我们提供体力或精神上的服务，并得到报酬。我们也可以通过其他途径来获取收入，比如投资回报或者变卖财产，但这些只占到我们总收入中的一小部分。大多数人非劳动收入中最常见的形式是卖房子，尽管我们也许只能从中赚取很少的利润，如果卖房费用和长期按揭利息成本减少的话。相反，富人们收入中的很大一部分是他们用自己的财富生产出来的。劳动所得的收入对于他们的经济财富而言，没有像对其他人那么重要。

为了更好地理解这种收入不平等的程度与影响，我们必须以一条底线作为比较的工具。在2004年，年度家庭收入的中位值（如果把所有家庭按从低到高排成一排，中位值将出现在最中间的家庭里）为44389美元。家庭收入的均值（也就是我们通常所说的"平均数"，即把所有的家庭收入加起来，所得的和除以家庭的数目）是60528美元。受高收入群体的影响，均值大大高于中位值。通常来说，中位值被当成"一般"收入，这是因为它不会受到极端值的影响。所以，我们以收入的中位值作为依据来比较社会结构中地位的影响程度。

正如我们一直所说的那样，地位的确很重要，当我们分析收入时也能看到它的作用。先来看看地理区位，收入随地区而变化。美国东北地区的收入中位值（47994美元）和中西部地区的（44657美元）以及西部地区的（47680美元）较为接近。但南部地区家庭收入的中位值就明显较低（40773 美元）。地域上的差异在各州也表现了出来。虽然最低收入的州多在南部地区，但其他地区也有低收入州。2004 年的五个最低家庭收入州分别是西弗吉尼亚州、蒙大拿州、密西西比州、阿肯色州和肯塔基州。收入最高的州在东北部，排在前五位的分别是马里兰州、新罕布什尔州、夏威夷州、明尼苏达州和新泽西州。马里兰州的家庭收入（57319 美元）几乎是西弗吉尼亚州的（33286 美元）两倍。五个最低收入州的平均收入为 34562 美元。五个最高收入州的平均收入为 65446 美元。后者比前者高 21884 美元。当然，收入并不能代表一切——生活费用也必须被计算在内。但是，显然，居住的地区和州对收入水平有重要影响。

根据五等分法划分的 1970 年到 2004 年家庭收入均值及收入最高的 5% 家庭的收入均值（以 2004 年美元价格为准）

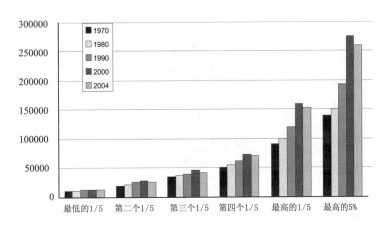

资料来源：U. S. Census（2005d）。

各个五分位家庭以及收入最高的 5% 家庭所占全部家庭收入的比例（包括所有种族）

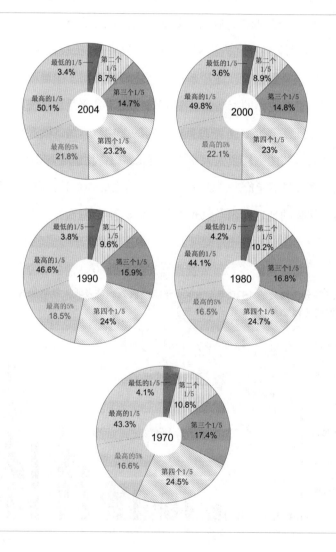

资料来源：U. S. Census（2005c）。

另一种分析地位影响的方法是，比较从高到低的家庭收入的相对位置。当用"平均数"时，我们得到的仅仅是关于收入的中等水平。更全面地了解收入分布的一种常用方法是用五等分法。五等分法（quintle）是把家庭总数分成五组，每一组占家庭总数的 20%。把每个家庭按收入从低到高排列起来，从最低收入的家庭开始，在首个 20% 处截断，这一组就是第一个五分之一。接下来的 20% 就是第二个五分之一……依此类推。美国大约有 1.13 亿户家庭，所以每五分之一大约有 2260 万户家庭。运用五等分法可以比较每一组中的家庭平均收入，从而更好地理解美国的收入分布。

我们首先来对比一下家庭收入最低的那五分之一的收入均值（10264 美元）和家庭平均收入最高的那五分之一的收入均值（151593 美元）。两者间每年相差超过 14 万美元，这是一个巨大的差距。位于中间的那五分之一家庭的收入均值（44455 美元），基本上与整体的中位值一致。毫无疑问，收入均值最低五分之一那部分人无法拥有和最高五分之一那部分人一样的资源条件，也不能做出和他们一样的选择。

财富

财富的一大优点是，成为富人可以让人保持富有。借用马蒂诺的一句话来说就是，"财富就是权力"。钱可以生钱。挣钱不是人们行动或劳动的结果，而是因为你拥有钱。

就像我们分析收入不平等一样，我们可以用"平均"财富来建立一个比较的底线。从家庭净资产来看，2004年所有家庭的财富的中位值是93100美元，财富均值是448220美元。两个数据之间的差别揭示了：相对于中位值，顶端的极端值提升了整体的均值。在最底端，拥有财富最少的25%的家庭，其财富均值为-1400美元。这些家庭欠的钱比他们挣的钱还多。尤其是信用卡债务，若把信用卡债务平均到美国1.44亿户家庭头上，那么2003年一张银行卡至少就有7519美元的债务，而在1993年这个数字还只有2942美元。

不同家庭财富的源泉各有不同。2000年我们财富的32.3%来自房屋所有权。基斯特（Lisa Keister, 2000）在一项较早但却比较详细的研究中发现，在最富有的那1%家庭中，房产仅占他们财富的6%，但在财富最少的80%的家庭，房产占了他们财富的66%。这项研究促进了对于何人掌握了何种财富的具体区分。对财富进行这种明确的分类是很难的，也是很罕见的。最近也有一些类似的但却没有那么详细的关于财富区分的研究，通过这些研究可以确信基斯特的发现仍然十分准确。至于"金融财富"，包括股票、证券以及其他货币投资，她发现这些全部的中位值仅仅只有8537美元（比起全部财富的中位数值少了3万多美元），均值为134650美元，其中29%的家庭的金融财富为零或负数。

更多近期的资料都支持了基斯特发现的基本分布比例，虽然这些资料不够详尽。联邦储备局发表了一份关于每三年财富分布的分析报告，正如上文所述，在报告中他们提到了最低四分之一的财富均值为-1400美元，第二个四分之一（即第25%—50%的家庭）的财富均值为 47100 美元，第三个四分之一的为 185400 美元。最高的四分之一中，第 75%—90% 的家庭财富均值为 526700 美元，而最高的那 10% 的财富均值则为 3114200 美元。

贫困

既然我们已经分析了上层群体的经济优势，那么接下来也应该关注一下底层群体的情况。2004 年美国官方公布的穷人有 3700 万，即 12.7% 的人口处于贫困状态下。贫困率的波动经常是与整体的经济实力联系在一起。20 世纪 50 年代至 70 年代，在"二战"后的繁荣时期，贫困率曾显著下降。1959 年的贫困率为 22.4%，之后逐步下降，到 1973 年降为 11.1%。在这期间，贫困人数从 4000 万左右降至不到 2300 万。从 1973 年起，美国的贫困率保持着较为稳定的势头，在 11.1%（1973）—15.3%（1983）的范围内波动。20 世纪 90 年代期间，随着经济再一次出现大繁荣，贫困率也又一次开始下降。直到 2000 年后随着经济不景气贫困率又开始有所回升。

如何才算是贫困呢？国家管理和预算办公室是根据不同家庭类型的收入水平来划定贫困线的。最常用的方法是以四口之家为参照来划贫困线。对于一个由两个成年人和两个未满 18 岁的孩子组成的四口家庭，2004 年的贫困标准是收入低于 19157 美元。若是单身，贫困线则是根据年龄来界定的：65 岁以下的，贫困标准是低于 9827 美元；65 岁以上的，贫困标准为低于 9060 美元。这种方法非常有效，因为这便于把我们自己放在这样一个人的立场上来考虑问题：哪种生活方式是一个处于此种收入水平上的单身汉能够负担得起的？她或他能支付充足的食物、住所、衣服和健康所需要的费用吗？若一个人挣的钱比贫困标准高出 1 美元，那么他就不是穷人了吗？官方的说法是，这种人不属于穷人范畴，但是他或她也许还具备领取政府救济金的资格——并非所有的救助措施都会随着官方划定的贫困线而被同时取消。

社会地位——社会性别、种族/民族、年龄、宗教、家庭结构、受教育程度——都对有可能成为贫困人口有重大影响。从年龄方面来说，儿童最有可能成为贫困人口，根据 2004 年官方贫困人口统计，儿童贫困率为 17.8%，约有 1300 万人。另一方面，老年人贫困率为 9.8%（350 万人），这一数字低于整体平均水平。这反映了一次显著的历史性转变——20 世纪 60 年代老年人的贫困率是 30%，比儿童贫困率（约 17%）要高许多。二者的贫困率在 1974 年达到相等，随后在 20 世纪 80 年代早期出现明显分化，老年人的贫困率持续并且明显地低于儿童贫困率。

居住地同样也会影响成为贫困人口的可能性。南部地区的贫困率最高，为 14.1%。中西部地区最低，为 11.6%。三年平均贫困率最高的州是密西西比州（17.7%），最低的州是新罕布什尔州（5.7%）。

家庭结构也与家庭收入以及成为贫困人口的可能性相关。总的来说，根据美国人口普查，包括"由两个或更多人口组成的……由血缘、婚姻或收养和居住等关系联结起来"在内的家庭，2004 年收入的中位值为 55327 美元，与之相对应的是，非家庭户收入的中位值为 26176 美元。家庭收入随家庭类型的不同而有很大变化。那些现在没有丈夫的女性家庭，处于极大的经济劣势之中。

不过，可喜的是，作为社会地位的组成因素，与收入高低有密切关系的受教育程度，是很多人可以提高的。受教育程度直接关系到经济地位。通过考察户主的受教育程度来分析家庭收入可以发现，不同受教育程度之间的收入存在很大差别。例如，那些从职业学院毕业的人跟大学毕业的人相比，每年收入相差 21236 美元。若是从一个人的整个职业生涯来看，可以更清楚地看到教育对收入的影响。高中毕业的人预计终生收入大约为 120 万美元，职业学院毕业的人预计收入是 150 万美元。获得更高学位的人的收入也会随之增加：具有学士学位者为 210 万美元；硕士学位者为 250 万美元；博士学位者为 340 万美元；专业学位获得者则为 440 万美元。所以，许多人都追求更高的受教育程度，以获得收入上的优势。大多数人（25 岁及以上者中的 84.6%）都会高中毕业（或具有同等学力），另有不少人（27.2%）则具有学士或更高的学位。

我们的社会地位决定了我们拥有或缺少的资源。当然，穷人不仅仅在收入上处于劣势；他们在受教育程度、卫生保健、社会网络及其他资源方面也会形成"贫困的连锁反应"。在某种程度上来说，这些社会地位是不受我们控制的；它们与我们的家庭出身有关。同时我们也应注意，尽管我们可能有机会改变自己的社会地位，但这种机会同样受我们所属的社会地位决定。在美国，受教育的机会是改变社会地位的关键因素，但它本身就受社会阶级地位的影响。正如我们这里所看到的，受教育程度的确给一些家庭带来了比其他家庭更多的物质资源、社会资源和文化资源，并且也让他们的下一代跟着受益。

阶级意识与权力

阶级关联到不同层次的权力。在我的学校没有对着装的硬性规定。如果我愿意穿件牛仔服来上课，我完全可以这么做。但在这里工作的职员就没有这种自由。校长对他们的着装有一定规定，这限制了他们所能做出的选择。我之所以拥有其他人没有的特权，是因为我所拥有的社会经济地位。这种由特权带来的自由是被赋权了的。

但在讨论阶级特权是否是应该的时，我们往往认为自己理应享有，而别人则不能享有。我想知道，如果管理者对不统一着装者进行严厉惩罚的话，会发生什么样的情况。不管这一做法有多么温和或巧妙，我敢肯定，反应一定会很激烈。任何企图限制我们着装自由的规定，都代表着对我们的自主性和权力的威胁。在某种程度上，它还威胁到我们没有明说的意想——我比同事要好。与其他人不同，我们把自己看做受过如此良好的教育，以至于我们可以获得信任作为一个松散的专业团体而工作，而大学只是一个为我们所有人提供了施展自己才艺的场所。

特权和权力的诱惑，直接面临这样一种观念，即我们是拥有一套独立价值体系的人群。正如涂尔干所言，劳动分工影响了集体意识。建立在我们各自不同的经验基础上的分化越大，我们的价值观念就越是不同，为维护共同道德所做出的牺牲也就越少。阶级制度不仅仅巩固了经济差别，它还加剧了社会和文化差别，使问题变得日益严重。马克思曾对此做出过预测，但是将这一理论发扬光大的却是韦伯。韦伯的分析包括了物质资源、社会资源和文化资源之间的相互联系，这为解释那些掌握权力的人为何会拥有这些权力提供了更大的说服力。

在美国，如果深入追究一些由于我们的社会阶级而引起的问题，其中的某些原因是令人不愉快的，这是因为它揭示了我们的价值观念中某些自相矛盾的地方。大多数人都相信，他们有资格享受任何特权——有些特权是他们的社会阶级的产物。与此同时，我们又坚信在某些基本条件下每个人都是平等的。我们坚信，我们的社会地位应该来自于我们的努力、才智以及能力，而不是因为我们的父母是谁。我们把社会看做是任人唯贤制的，而不是贵族制的。但是如果我们能够冷静地去看一下美国的社会阶级，现实状况却似乎是，我们把平等的前提以及通过个人能力和努力来获得社会地位的许诺都抛到了脑后。

谈论社会阶级或许会让我们心里感到有些不舒服，但只要稍微环视四周，我们就可以清楚地看到，在日常生活中我们是多么地依赖于"社会阶级"这一概念。事实上，我们经常会使用一些有关社会阶级的潜在话语："重要的不是你知道什么，而是你认识谁。""他来自贫民窟。""那是银行家的女儿。"如此等等。也许更好的解决办法是承认阶级的重要性，并明确地将其放进理解我们自身中来。"阶级"这一概念可以使我们更好地理解我们为什么会这么想这么做。阶级不仅仅是一种外在于我们的事物（它不仅仅指关系到我们拥有或控制多少钱或物质资源），它还内在于我们的头脑之中，形塑着我们的需求、希望和梦想。认识到它对生活的影响，可以使我们有能力来改变我们的阶级地位和生活其中的社会制度。

思考题

1. 为什么社会会发展出分层制度，比如奴隶制、等级制、种姓制、阶级制？

2. 为什么以阶级为基础的分层制度的扩大与现代大生产时代和工业革命是相联系的？

3. 为什么"社会流动"在美国是一个十分关键的概念？作为一种理想事物它如何影响我们的行动？

4. 举例描述三种资源类型：物质资源、社会资源、文化资源。我们所拥有的每一种资源如何影响我们的机会与障碍？

5. 为什么我们会穿文化衫？我们想要表达什么？为什么会用这种方式来表达？

6. 文化资本如何形塑我们的选择和行动？我们所拥有的文化资源如何使社会流动变得困难？从一个阶级流动至另一个阶级需要做些什么？

7. 为什么极端的收入和财富不平等体现了对美国诸如平等性和机会均等价值观的挑战？

[结语]
社会学是个动词

至今我仍记得自己读大一时所听的第一节社会学课。任课教师英斯基普教授是个年轻人,他热情、有趣,尤其具有洞察力。他将社会学的智慧光芒不知不觉地渗透在讲课中,让我有了一种全新的视角来看待周围的事物。我被社会学迷住了,感到它既有趣又重要,于是又选了其他与社会学有关的课程。

正如我在序言中所说的那样,社会学给了我洞悉全景的洞察力,因而我觉得它很吸引人。我既可以后退一步看,观察到先前从未注意到的联系,还可以向前细看,从而用新的方式看待我个人的经历。我学习社会学的兴趣源于我的个人背景和经历。我生长在一个工人阶级家庭,我家住在美国西部一个以白人为主的中型城市。通过学习社会学,我明白了以上因素如何同其他因素共同作用,塑造了我对现实的认知。我家是虔诚的新教徒,积极参与一个小教堂的事务。

正是在那里，我懂得了要严肃对待价值和信仰。在那里，我明白了我们作为个体的所思所想所做所为是有意义的，甚至是永恒重要的。我还懂得了我们日常的思考和行动也很重要。虽然此后我的宗教观点发生了改变，但却正是从那里学到的诸如谦卑、义务、集体、责任、同情及爱等因素，塑造了并将继续塑造我的认识。

我发现我这种背景下的某些因素对其他背景下的人们同样重要，那就是社会学特别关注的一些东西：严肃认真的观念、理解的意愿、对美好社会的期待。我从那些倾向改革的社会学家那里学到了要高度重视这些基本原则。此外，社会学还帮助我从个体角度和政治角度认清了我所置身其中的世界。它帮助我把我父母的离异放在他们的时代背景中去理解而使我不再迷惑。它帮助我认清了我的家庭低下的经济地位。它还使我明白了为什么去我家乡北边上高中的孩子，似乎比像我这样去南边高中上学的孩子可以得到更多更好的东西。在更大的范围上，我在涂尔干、马克思、韦伯的著作中发现了其他能够帮我理解和解释更广泛社会和政治世界的工具。比如，我明白了为什么是一些观点而不是另一些观点在主导着现实生活中的政治话语。如今，社会学仍在继续塑造我的行为——如何抚养埃米莉和埃莉诺，如何回应他人，在政治上及其他方面如何行动。

我确信人人都需要社会学。我们需要它，目的是更好地理解自己，更有效地在日常生活中去行动，这种行动不仅会塑造我们每个人的未来，也会影响与我们相关的，以及我们要对他们负责的其他人。本章我希望自己能够传达这样一种理念：社会学无论是在我们作为个体试图更好地理解自己这一方面,还是在我们作为集体努力建设更美好的世界这一方面,都具有举足轻重的作用。

社会学起源再探:从科学社会学到公共社会学

对科学的理解的变化,是近年来影响我们对社会学看法的因素之一。我们曾以为科学家的工作与社会是分离的,就像他们仅仅在"读自然这本书"。库恩和其后科学社会学家一起,强烈地质疑这一可能性。库恩(Kuhn, 1962)指出,科学家必须使用的关于自然界的"范式",影响了他们提出什么样的问题,影响了他们运用什么样的研究工具,影响了他们收集什么样的资料。换句话说,科学家的工作既受文化限制,还受他们的社会化,以及他们在科学共同体中所获得的物质资源、认知资源及规范资源的限制。

科学社会学家通过研究行动中的科学,试图对这一现象做出解释。他们寸步不离地跟着科学家,结果发现:做实验仅仅是科学知识生产中的一小部分。科学家们要与管理者、政治家、公司主管、公众及许多对他们有兴趣的行动者团体打交道,以便使他们认识到科学主张的合法性。因为光有事实并不足以取胜。科学知识与其他知识(包括社会学)一样,都是由嵌入在相同网络(经济、社会、文化)中的相同的人生产出来的。

我们从科学社会学研究中学到的另一点是,科学家并不是被动的观察者。他们积极地参与到研究对象所处的环境之中,试图使研究对象服从于科学家的意志。在进行研究时，为了解释或预测关系，他们进行反复加工处理。这在纯科学研究中虽然听起来像是一种异端，但最终我们更加关注的是结果而不是过程。例如，当提到研发治愈癌症的方法或艾滋病疫苗时，我们最终想要的是一个有效的解决办法。为了达到这样的目的，科学家强迫自然界做那些不是自然而然可以发生的事情。如果科学家不需要因积极地参与并影响他们的研究对象而为自己进行辩护，那么社会学家也不需要。对于做科学的社会学有何意义的重新分析，与主张社会学可与早期的改革取向相联系是一致的。正如科学家可以直接或间接地参与公共政策的制定，社会学家也能在影响公共话语方面发挥作用。

这些由科学社会学而来的见解为我们指明了这样一条道路，即重新认识什么是社会学、我们希望它能取得什么样的结果。事实上，这种重新认识已经存在很长时间了，几乎是从社会学一创立就开始了。20世纪初，微观社会学传统兴起，其重点就是关注行动着的个体。20世纪五六十年代，受到马克思和韦伯的启发，米尔斯和其他冲突论社会学家一起，致力于分析权力及资源的分配。这些理论家摒弃了当时处于统治地位的功能主义理论保守的、科学的取向，该取向认为，如果社会系统能够逐步进化，它的所有部分最终都会进化到理想状态。

学科内的这两次发展，使社会学家抛弃了在社会体系之外观察社会的幻想，越来越关注我们活生生的体验。通过关注人们如何行动和我们的理解如何由互动而来，我们学会了把"社会"看成一个由社会成员共同享有又不断变化的结果。通过关注行动还使我们认识到，我们活生生的体验在本质上并不是一元的。我们不能想当然地认为我们对家庭、教育、宗教、政府或经济的体验，会遵循一条共同的道路去发展。相反，我们发现差异性在多元化的世界中广泛存在。这些观点都有几分像我们在第八章探讨的后现代意识，它拒绝关于进步的简单化概念和寻找通用的解释模型。

作为实践智慧的社会学

虽然社会学并不能提供有效解释人类行为的通用社会规律，但它能帮助我们认识我们自身和我们所处的社会。从研究方法上来说，社会学首要的一条就是倾听和学习。社会学有助于我们分析社会资源、文化资源及物质资源的分配是如何对一些人有利而对另一些人不利。社会学能让我们明白，我们的所做所为是否与我们宣称的主张相一致。它能指导我们的对话，让我们清楚我们是否在朝我们想要去的地方前进。它是通过让我们用一种新的方法来关注世界从而做到这一点的。

虽然预测性的、提出定律的知识形式在自然科学中比较典型，但它并非我们可以获得的唯一的知识类型。丹麦社会科学家弗林布杰格（Bent Flyvbjerg, 2001）主张恢复两千多年前古希腊哲学家亚里士多德提出的、被现代社会忽视的对知识的分类。亚里士多德将知识分为三种类型：1. **理性**，以自然科学为典型，其主要特点是分析理性。它试图发展出"通用的、不变的、不受环境影响的"知识,像"自然规律"。在这三种知识类型中,这种知识是我们最熟悉的,也是我们大部分人最信任的知识类型。2.**技艺**,以工具理性为主要特点。其重点在于行动而不在于思考,所以这类知识是"实用的、可变的、受环境影响的"。或许这种知识最典型的就是熟练工匠(如木匠、外科医生、厨师等),他们利用他或她过去的经验指导当前的行动。这些从业者似乎只知道应该做什么,虽然他们能展示给你看,但他们却不一定有能力告诉你他们是如何做到的。3.**实践智慧**,这是现代社会最不熟悉的一个知识术语,其主要特点是价值理性。与技艺相同,实践智慧也是实用和行动取向的,它不能给我们提供通用的解释法则。但与技艺不同,实践智慧是以"实践的价值理性"而不是以"实物产品"为基础。它可被看做"深谋远虑"或"实践性常识"。实践智慧类知识易受环境影响,它能帮助我们更好地理解我们正在做的事情、为什么我们要这样做、我们是否应该继续这样做。

实践智慧的社会科学,努力把正在发生的事情,包括那些眼前还不很明显的方面,描述得淋漓尽致。不过,这种描述只有通过深度的、依赖环境的研究才能实现。换言之,我们需要进行细致的个案研究,或是描述人们做了什么以及为什么这样做的民族志研究,而不是提出放诸四海而皆准的理论。实践智慧的科学是以人们活生生的经历为基础。

这种知识虽然有一些后现代的特征(以多样性、复杂性和情境变化为重点），但它比后现代主义更加立足于历史。后现代主义思想有一丝相对论的"什么都可以"的味道。然而，历史的作用是限制我们的选择。历史会对我们是谁、我们看到了什么以及我们可能做出的选择产生影响。实际上，只有有限的道路向我们敞开。因此，社会学研究需要关注这些限制是什么、它们是怎样产生的、是否可以对它们有所作为，以及如果可以的话应该如何行动。作为一门"实践智慧的科学"，社会学需要通过更加由下至上而不是由上至下、更为归纳而不是演绎的方法来提出一种对背景复杂性的正确评价。

个体社会学：生存的工具

我写本书的目的之一，就是要表明：社会学能让我们更深入地去理解那些影响我们做出选择的影响因素，以便我们能够做出更为明智的选择。只有认识到那些限制我们的因素，我们才能走向自由。自由存在于人类文化背景中。在我们个体化的社会里，有太多时候我们都是在自由的幻想下行动。我们看不到我们面对的限制，看不到我们的选择以什么样的方式受限。实际上，我们不但不能脱离社会影响，还需要社会影响。

然而，牢记这些观念并非易事。我们每天都要承受个人主义幻想的狂轰乱炸。我们常听人说应该提高自我适应性和独立性，重视依靠自己和供养自己。在奥斯卡获奖影片《美国丽人》中，有一段对郊区的后现代中产阶级家庭生活的描写，母亲对女儿说："你已经长大了，你应该学习人生中最重要的一课：你不能指望任何人，除了你自己。"这句话引起许多美国人的共鸣。我们想要相信我们自己就是救世主。这会赋予我们所渴望的控制力，会让我们成为自己命运的主宰者。承认我们非常可怜、我们的存在依赖于他人，会让我们变得很脆弱。但社会学的一个基本观点是：我们每个人都很脆弱，都需要依赖他人，都很贫困。每个人除了依靠他人别无选择。

我们从社会学中学到了什么？社会学的根本洞察力是什么？对应于我们个人主义的文化，它试图进一步指明"我是我们"。我们永存于关系网络之中——与其他个体的关系，与社会团体的关系，与信仰的关系，与规范的关系，与物质对象的关系，与自然环境的关系。社会学试图分析这些包裹我们的关系网，帮助我们理解关系结合的过程，以便揭示我们是如何思考和行动的。

从社会学中我们了解到：社会中有我们，我们中有社会。自我和社会并不是两个截然分开的东西。作为一个个体，我们必须理解地点、地位、关系及互动的重要性。通过研究，社会学提供给我们实践智慧。做社会学意味着提出让人不舒服的问题，而且不能对获得简单的答案沾沾自喜。它意味着要考虑个体和社会、行动和结构、自由和限制的重要性，意味着要认识到权力的重要性及有权使用物质资源、社会资源和文化资源对我们可做选择的影响。简而言之，做**个体社会学**，就是识别我们的社会地位对我们是谁、我们如何思考和行动的影响，并为我们的行动对他人造成的影响负责。

公共社会学：变革的工具

除了可以帮助我们更深入地理解作为个体的我们所做所为的原因，社会学还要求我们放眼世界并提出这样的问题：我们如何行动可以让世界变得更加美好？社会学家，尤其是那些持有改革立场的社会学家，寻求建立一种看待社会问题的社会学视角。**公共社会学**通过对公共领域的社会学进行观察和分析，来获得洞见，寻求积极的社会变革。从社会学诞生开始，就存在社会学家应该以什么样的姿态来面对社会问题的争论。我支持主张参与社会的一方。

虽然韦伯提倡他所谓的"价值中立"的社会学，但对价值视而不见是不可能的。价值渗透在我们所提的问题中，渗透在我们认为有效的资料中，渗透在我们收集资料的工具中，还渗透在我们对资料的解释方式中。世界上没有中立的数据资料。所有的观察和分析都来自一种视角。我推荐使用实践智慧的视角。我的观点是，应该从社会方面去阐释价值和实践之间的矛盾。

一旦我们对差异性的后果、不平等的模式和原则与实践有所了解，我们就有责任有所做为。现存的体制、我们创造的结构和文化并非一成不变。我们可以选择改变它们，我们可以采取不同的行动，积极对抗那些与我们的核心理念相冲突的做法。事实上，不采取行动就是支持现存的不平等体制。我们的犬儒主义和退却回避，只能强化压制和暴力的体制。不去进行可以带来积极变革的行动，也代表了一种选择。

当提到社会问题，社会学家就站在了一个敏感的地带上。通过帮助我们理解我们所做所想的成因，通过帮助我们明晰信念与实践的关系，通过帮助我们更深刻地理解差异（性）的后果，社会学家能够激发可以使未来变得更加美好的讨论。我们可以使用这些社会学的工具来帮我们开始对话，在对话中我们能够一起分享我们的经历（积极和消极的都有），求同存异，使我们看到我们的盲点。虽然结果不可能是干净、整洁和清楚的，而更可能是包含许多冲突，但是，拒不承认生活的污点，就是将我们的社会现实隐藏在虚伪的共同性之下。

希望社会学

有时学生会向我坦言，他们发现个体社会学和公共社会学的有些东西让人沮丧。他们怨恨社会学视角下个体自由的明显缺失，为结构力量的强势所压倒。我能体味他们的痛苦，有时我也希望自己能变得更自由更有力量。但从另一方面来说，如果我们经历了这样的觉醒，我们就会找到柳暗花明的出路。

也许有人会问：我们可以做些什么？我们可以更好地了解我们自己和他人，然后按照这种了解去行动。或者相反，我们可以从行动开始，这样可以学到更多东西。或许还会有许多可能性：

- **践行个体社会学**：洞悉促使你的观念和行动形成

的因素。

- **更好地认识特权**：找出你的优势，尤其是与其他人有关的；理解这些，然后为未来做打算。

- **变得更加信息灵通**：如今的我们比以往任何时候都能容易地获取外界的信息。寻找它；了解正在发生的事情。

- **理解所学到的东西**：分析获得的信息。记住，资料永远不会自己开口说话；资料不仅仅是事实，而是嵌入在有自身利益的网络和系统中。

- **选举**：民主制条件下的领导者都是选民选举产生的。虽然似乎你一个人的投票并不重要，但是事实非常简单，正是所有个人的投票加起来才使得选举获胜。即使你的候选人不能获胜，你仍然可以发表意见；比如，如果你认为所有候选人都不合适，你可以写上你认为合适的人。

- **参与地方政治**：把政治看做接触点联系点：参加集会、抗议、学校董事会议、市政会议等。你或许会惊讶于个别发言产生的巨大力量，这种力量在地方层面表现得更为显著。

- **竞选公职**：不要以为那些领导职位是为那些比你更好更优秀的人准备的。让更多的人相信他们可以做领导者，可以使我们的领导队伍更加多样化。

- **做志愿者**：每个社区都有以带来积极社会变革为目的的区域地方组织。例如与某所地方学校取得联系，看是否可以领着孩子读书，或者在无家可归者的庇护中心工作。
- **加入各种组织**：有许多可以长期提供拓展机会的组织，如美国服务队、美国和平队、美国红十字会。在这些团体中，你可以为远近社区提供满足其需要的多种帮助。
- **组织起来**：为实现你设想中的世界而努力；毋庸置疑，许多人都有和你一样的想法。找到他们并一起在现存的制度内外努力，以带来改变。
- **为变革而奋斗**：无论你在哪儿，在你的人际交往中，在家庭生活中，在工作环境中，在社区中或其他任何地方，都要为积极的社会变革而奋斗。我们有力量改变世界，我们不能在真空中做这些事情，但如果从根本上来说社会学家对于现实的社会建构的看法是正确的，世界就会变得不同凡响。

我们在这本书中主要学到了以下三点：相互依赖性比个人主义更重要；文化和结构对机会和选择有重要影响；我们有改变文化和结构的责任。仅有个人是不够的，我们实在是太渺小了，我们彼此互相需要。为了我们的利益，我们需要充分肯定我们所处地位的重要性和我们与外界关系的重要性。为了他人的利益，我们要朝向更加美好的未来努力。我们有责任推进社会变迁。我们不需要为我们所接受的文化和结构产生负罪感，但应认识到我们自身在当下和未来的责任。由我们自己和他人的行动所创造的过去造就了今天的我们，我们现在的行动则会影响我们周围世界中我们和他人未来生活的方向。通过同时把过去、现在和未来铭记在心，我们能用实际行动让我们生活其中的这个世界变得更加美好。

　　社会学不仅是个名词，更是个动词。它不是我们拥有的东西，而是我们要去做的东西。我们对个人主义模型的过于信赖及对社会力量作用的低估，代表了对自由图景的歪曲认识。对于自我与社会之间的关系及差异性后果的正确评价，可以让我们做出更加明智的选择，更好地塑造未来。它为"我们为什么会照我们想的那样去想"和"我们为什么会照我们做的那样去做"提供了答案。社会学不应该只局限于大学课堂之中，也不应该只属于专业人士。可以说，现在我们人人都是社会学家，许多工作都在等着我们一起去完成。

思考题

　　1. 你的生活背景中有什么因素促使你对社会学观点产生了兴趣?

　　2. 什么是实践智慧?它与理性、技艺有何不同?

　　3. 个体社会学是怎样帮助我们更好地去理解我们的所思所行的?

　　4. 公共社会学是什么意思?

　　5. "社会学是个动词"是什么意思?为什么社会学给了我们希望的理由?